大都會文化
METROPOLITAN CULTURE

大都會文化
METROPOLITAN CULTURE

Life Wisdom

有一種財富叫
智慧

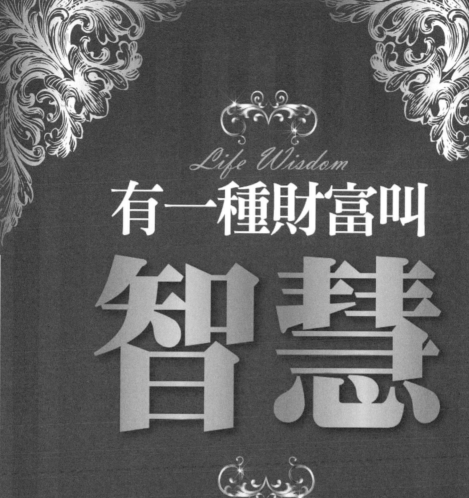

前言

分享一則小故事：

美國一位牧師正在家裡準備第二天的布道。他的小兒子在屋裡吵鬧不止，令人不得安寧。牧師從一本雜誌上撕下一頁世界地圖，然後撕成碎片，丟在地上說：「孩子，如果你能將這張地圖拼好，我就給你一塊錢。」

牧師以為這件事會使兒子花費一個上午的時間，但是沒過十分鐘，兒子就敲響了他的房門。牧師驚愕地看到，兒子手中捧著已經拼好了的世界地圖。

「你是怎樣拼好的？」牧師問道。

「這很容易，」孩子說：「在地圖的另一面有一個人的照片。我先把這個人的照片拼到一起，再把它翻過來。我想，如果這個人是正確的，那麼世界地圖也就是正確的。」

牧師微笑著給了兒子一塊錢，說道：「你已經替我準備好了明天的布道，如果一個人是正確的，他的世界就是正確的。」

是的，如果你是對的，你的世界就是對的。思想可以左右人的一生，你怎麼想，決定了你怎麼做，也決定了你往後的人生會如何發展。

就像樂觀的人總是看到事情的光明面，相信情勢會往好的一方面發展，他就會朝著這個方向努力再努力，最終摘下成功的果實。而悲觀的人總是看到事情的黑暗面，不相信會有好事發生，當然也不願做任何努力和嘗試，結果自然是整日和失敗為伍。

本書精心摘錄的一篇篇小故事，都蘊含著做人的智慧，而這些智慧都是我們人生旅程上一筆無形的財富，它能讓我們思想豐富、心態健康、處事正確，最終成就完善的自我。

讓我們慢慢的拼好、拼對自己的世界地圖，讓人生的旅程更加豐盈圓滿。

CONTENTS

目錄

第二章　成功者的智慧

第三章　做最棒的自己

第五章　讓生命發光

第一章

好念頭，好生活

積極樂觀是成功的金鑰匙

相信的力量

在一次火災中，一個小男孩被燒成重傷。雖然經過醫院全力搶救脫離了生命危險，但他的下半身還是沒有任何知覺。醫生悄悄地告訴他的媽媽，這孩子以後只能靠輪椅度日了。

一天，天氣十分晴朗。媽媽推著他到院子裡呼吸新鮮空氣，然後有事離開了。突然，一股強烈的衝動從男孩的心底湧起：我一定要站起來！他奮力推開輪椅，拖著無力的雙腿，用雙肘在草地上匍匐前進，一步一步地，他終於爬到了籬笆牆邊。

接著，他用盡全身力氣，努力地抓住籬笆牆站了起來，並且試著拉住籬笆牆向前行走。沒走幾步，汗水從額頭滾滾而下，他停下來喘口氣，咬緊牙關又拖著雙腿再次出發，直到籬笆牆的盡頭。

就這樣，每一天男孩都要抓緊籬笆牆練習走路。可時間一天天過去了，他的雙腿仍然沒有任何知覺。他不甘心困於輪椅的生活，一次次握緊拳頭告訴自己：未來的日子裡，一定要靠自己的雙腿來行走。

終於，在一個清晨，當他再次拖著無力的雙腿緊拉著籬笆行走時，一陣鑽心的疼痛從下身傳了過來。那一刻，他嚇呆了。他一遍又一遍地走著，盡情地享受著別人避之唯恐不及的鑽心般的痛楚。

從那以後，男孩的身體恢復得很快，先是能夠慢慢地站起來，扶著籬笆走上幾步，漸漸地，他便可以獨力行走了，最後，他竟然在院子裡跑了起來。自此，他的生活與一般的男孩子再無兩樣。到他讀大學時，還被選進了學校田徑隊。

他，就是曾跑出全世界最佳短跑成績的葛林．康漢寧博士。

Life Wisdom

很多時候，一些看似不可能的事情，只要我們始終相信，並且勇於探索、實踐，我們的夢想就會變成現實。

找到那把鋒利的斧頭

山裡住著一位以砍柴維生的樵夫。經過近一年的辛苦努力，他終於建成了一間可以遮風擋雨的木房子。有一天，他挑了砍好的木柴到城裡交貨，黃昏回家時，卻發現他的房子著了大火。

左鄰右舍都前來幫忙救火，但由於傍晚的風勢太大，大火還是沒有辦法被撲滅，一群人只能靜靜的站在一旁，眼睜睜地看著熾烈的火焰吞噬掉整棟木屋。

當大火終於滅了的時候，人們看見這位樵夫手裡拿了一根棍子，跑進倒塌的屋裡不斷地翻找著什麼。圍觀的鄰人以為他正在翻找藏在屋裡的珍貴寶物，所以都好奇地在一旁注視。過了半晌，樵夫終於興奮地叫著：「我找到了！我找到了！」

鄰人紛紛向前，這時才發現樵夫手裡捧著的是一片斧刀，根本不是什麼值錢的寶物。只見樵夫興奮地將木棍嵌進斧刀，充滿自信地說：「只要有這柄斧頭，我就可以再建一個更堅固耐用的家。」

Life Wisdom

在你即將被再次打倒的時候，通常也是你離成功最近的時候。無論頭上是怎樣的天空，都要準備好承受任何強勁的風暴。

什麼會讓你失去一切

在美國紐約，有一位年輕的員警叫亞瑟爾。在一次追捕行動中，亞瑟爾被歹徒用衝鋒槍射中左眼和右腿膝蓋。三個月後，從醫院裡出來時，他完全變了個樣：一個曾經高大魁梧、雙目炯炯有神的英俊小夥子，現已成了一個又跛又瞎的殘疾人。

這時，紐約有線電台記者採訪了他，問他以後將如何面對遭受到的厄運。他說：「我只知道歹徒現在還沒有被抓到，我要親手抓住他！」記者看到，他那隻完好的右眼裡透射出一種令人顫慄的憤怒之光。

從那以後，亞瑟爾不顧任何人的勸阻，參與了抓捕那個歹徒的無數次行動。他幾乎跑遍了整個美國，甚至有一次為了一個微不足道的線索，獨自一人乘飛機去了歐洲。

九年後，那個歹徒終於被抓了。當然，亞瑟爾起了非常關鍵的作用。在慶功會上，他再次成了英雄，許多媒體稱讚他是全美最堅強、最勇敢的人。但是沒多久，亞瑟爾卻在臥室裡割腕自殺了。在他的遺書中，人們讀到了他自殺的原因：

這些年來，讓我活下去的信念就是抓住兇手。現在，傷害我的兇手被判刑了，我的仇恨被化解了，生存的信念也隨之消失了。面對自己的傷殘，我從來沒有這樣絕望過……

Life Wisdom

失去一隻眼睛或一條健全的腿，都不要緊。但是，如果你失去了信念，你就失去了一切。

從災難中找出價值

一九一四年十二月，大發明家愛迪生的實驗室在一場大火中化為灰燼，損失超過二百萬美元。愛迪生一生的心血成果也在無情的大火中付之一炬。

當大火燒得最猛烈時，愛迪生二十四歲的兒子查理斯在濃煙和廢墟中發瘋似的尋找他的父親。終於，他找到了：愛迪生平靜地看著火勢，他的臉在火光搖曳中閃亮，他的白髮在寒風中飄動著。

「我真為他難過，」查理斯後來寫道：「他都六十七歲，不再年輕了，眼下這一切都付諸東流了。可他看到我卻嚷道：『查理斯，你母親去哪兒了？快把她找來，這輩子恐怕再也見不著這樣的場面了。』第二天早上，父親看著一片廢墟說：『災難自有它的價值，瞧，這不就是！我們以前所有的謬誤過失都給大火燒得一乾二淨，感謝上帝，這下我們又可以從頭再來了。』」

火災剛過去三個星期，愛迪生就開始著手推出他的第一部留聲機。

Life Wisdom

當遭遇無情災難時，百折不撓的意志可以讓我們反省，讓我們總結經驗，讓我們從災難中找出價值。

不要任何拐杖走向講台

羅斯福還是參議員時，英俊瀟灑，才華橫溢，深受人民愛戴。有一天，他在加勒比海度假，游泳時突然感到腿部麻痺，動彈不得。幸好被人救起，避免了一場悲劇。經過醫生的診斷，羅斯福被證實患上了「小兒麻痺症」。

醫生對他說：「你可能會喪失行走能力。」

羅斯福回答說：「我還要走路，我要走進白宮。」

第一次競選總統時，他對助選員說：「你們佈置一個大講台，我要讓所有的選民看到這個得小兒麻痺症的人可以『走到前面』演講，不需要任何拐杖。」

當天，他穿著筆挺的西裝，信心十足地從後台走上講台。他每次的邁步聲，都讓每個美國人深深感受到他的意志和十足的信心。後來，羅斯福成為美國史上唯一一位連任四屆的美國總統。

Life Wisdom

生命本身是一種挑戰，即使自己有缺陷，只要不認輸，肯努力去證明自己某方面的本領和優長，也一定能獲得成功。不屈不撓的意志力和絕對的信心，能幫助你達成目標。

成為一隻美麗的蝴蝶

加拿大第一位連任兩屆總理的讓．克雷蒂安，小時候說話口吃，曾因疾病導致左臉局部麻痺，嘴角畸形，講話時嘴巴總是向一邊歪，而且還有一隻耳朵失聰。

聽一位有名的醫學專家說，嘴裡含著小石子講話可以矯正口吃，克雷蒂安就整日在嘴裡含著一塊小石子練習講話，以致嘴巴和舌頭都被石子磨爛了。

母親看後心疼地直流眼淚，她抱著兒子說：「克雷蒂安，不要練了，媽媽會一輩子陪著你。」克雷蒂安一邊替媽媽擦著眼淚，一邊堅強地說：「媽媽，聽說每一隻漂亮的蝴蝶，都是自己衝破束縛它的繭之後才變成的。我一定要講好話，做一隻漂亮的蝴蝶。」

後來，克雷蒂安終於能夠流利地講話了。他勤奮並善良，中學畢業時，他不僅取得了優異的成績，還獲得了極好的人緣。

一九九三年十月，克雷蒂安參加全國總理大選時，他的對手大力攻擊、嘲笑他的臉部缺陷，對手曾極不道德、帶有人格侮辱地說：「你們要這樣的人來當你們的總理嗎？」然而，對手的這種惡意攻擊卻招致大部分選民的憤怒和譴責。當人們知道克雷蒂安的成長經歷後，都給予他極大的同情和尊敬。

在競爭演說中，克雷蒂安誠懇地對選民說：「我要帶領國家和人民成為一隻美麗的蝴蝶。」最後他以極高的票數當選為加拿大總理，並在一九九七年成功地獲得連任，被加拿大人民親切地稱為「蝴蝶總理」。

Life Wisdom

缺陷是每個人生命中的「繭」，當你無法脫離它時，你可以利用自信、堅強的生命之劍將它刺穿，然後化蛹為蝶。

生命永遠不會貶值

在一次討論會上，一位著名的演說家沒講一句開場白，手裡卻高舉著一張二十美元的鈔票。面對會議室裡的二百多人，他問：「誰要這二十美元？」

一隻手舉了起來。他接著說：「我打算把這二十美元送給你們當中的一位，但在這之前，請允許我做一件事。」

他說著將鈔票揉成一團，然後問：「誰還要？」仍有人舉起手來。

他又說：「那麼，假如我這樣做又會怎麼樣呢？」他把鈔票扔到地上，又踏上一隻腳，並且用腳碾它。待他拾起鈔票時，鈔票已變得又髒又皺。

「現在誰還要？」還是有人舉起手來。

「朋友們，你們已經上了一堂很有意義的課。無論我如何對待這張鈔票，你們還是想要它，因為它並沒貶值，它依舊值二十美元。」

Life Wisdom

人生路上，我們有時會覺得自己似乎一文不值。但無論發生什麼事，在上帝的眼中，我們永遠不會喪失價值。在祂看來，骯髒或潔淨，衣著整齊或不整齊，我們依然是無價之寶。

成功的秘訣是什麼

有一天，一個學生請教哲學家蘇格拉底成功的秘訣是什麼。

蘇格拉底沒說一句話就帶他到一條河邊，然後向河裡走去。學生不解，當河水淹到他的膝部時，老師沒有說話。當河水淹到他的腿部時，老師還是沒有說話。當河水漸漸淹到他的胸部時，蘇格拉底轉過身來，把他的雙手放在學生的頭上，然後用力把學生的頭按到水裡。

學生在水裡掙扎了一段時間，蘇格拉底還是沒有鬆手，最後學生在水裡實在堅持不住了，他用盡全身所有的力量頂出水面，大聲問蘇格拉底：「老師，你到底要幹什麼？」這時，蘇格拉底才一本正經地對他說：「如果你追求成功的欲望就像你剛才在水裡需要呼吸，追求生存那麼迫切和全力以赴的話，那麼你就無所不能了。」

Life Wisdom

強烈的成功欲望是行動的前奏。很多人都想成功，他們只是在「想」而已。只有真正下定決心「一定要」的時候，才會全力以赴，用生命去做。然後無所不能，一鼓作氣直至成功。

我們都是九牛人

強和壯是從小在一起長大的好朋友。到了戀愛的年紀，他們發現村子裡沒有稱心如意的姑娘，便一同到外面找自己喜歡的人。

離開家之後，他們走了很多地方。有一天，他們來到了一個小漁村，在村子裡他們遇到了一位姑娘，壯對強說：「我要留在這個漁村，因為那個姑娘就是我想找的人。」

強覺得這姑娘沒什麼可愛的地方，就對自己的好朋友說：「我看她沒有什麼特別的，既然你喜歡，就留下好了，我繼續找我喜歡的人。」於是強辭別了壯，繼續往前找。他走了很多的路，到了很多村莊和城市。幾年過去了，他一直沒有找到自己稱心如意的姑娘，於是原路返回。

在回家的路上，他經過了當年同壯分手的小漁村。當年的小漁村如今已變成了小鎮。想起和好朋友已經幾年沒見面了，強打算到這裡看看壯。他來到了村頭，看見一個帶孩子的美麗少婦，就走過去問：「請問壯的家怎麼走？」那個少婦說：「你跟我來吧！」結果少婦把強帶到壯家裡。

兩個好朋友見面當然非常高興，壯對著那個美麗的少婦說：「老婆，我的好朋友來了，給我們準備點酒菜，我們要喝幾杯。」原來這個美麗少婦就是壯的老婆。

強非常吃驚，他對壯說：「當年我們來到這裡時，見到的她並不是今天這般美麗。她變化怎麼這麼大？」

壯對強講述了自己留下來後的生活：

強走後，壯瞭解到當地男方向女方求婚的風俗——要給未來的老丈人送牛。普通的女孩只要送一兩頭牛，賢慧漂亮的女孩一般送四五頭。九頭牛表明女孩非常優秀，而這裡根本就沒有人送過九頭牛。

壯到女孩家的時候，趕了九頭牛。當壯把自己的來意向女孩父親說明後，老人說：「我家女兒只是一個普通的姑娘，最多只要三頭牛就行了。你送這麼多牛，如果我們收下，鄰居會笑話我們的。」壯說：「不，老人家，我認為你的女兒是世界上最好的，也是最美的，她值九頭牛。」於是壯硬是送給他們九頭牛。

結婚之後，壯一直把老婆當成最漂亮、最可愛的人，把她當成「九牛之人」，漸漸地，壯的老婆也覺得自己就是「九牛之人」，於是她就變得愈來愈漂亮、愈來愈美麗、愈來愈賢慧了。

Life Wisdom

注意力導致結果。暗示會指引你朝期望的方向發展，最終變成你期望的樣子。

你期望自己是什麼樣子，就要把自己當成期待的那樣去對待。

明天還有希望

在古希臘神話中，有一個關於西齊弗的故事。

西齊弗因為在天庭犯了法，被天神懲罰，降到人世間來受苦。天神對他的懲罰是：要西齊弗推一塊石頭上山。

每天，西齊弗都費了很大的勁把那塊石頭推到山頂，然後回家休息。可是，在他休息時，石頭又會自動地滾下來。於是，西齊弗就要不停地把那塊石頭往山上推。這樣，西齊弗所面臨的是：永無止境的失敗。天神要懲罰西齊弗的，也就是要折磨他的心靈，使他在「永無止境的失敗」的命運中，受苦受難。

可是，西齊弗不肯認輸。每次在他推石頭上山時，他就想：推石頭上山是我的責任，只要我把石頭推上山頂，我的責任就盡到了，至於石頭是否會滾下來，那不是我的事。

當西齊弗努力地推石頭上山時，他心中顯得非常平靜，因為他安慰著自己：明天還有石頭可推，明天還不會失業，明天還有希望。天神因為無法再懲罰西齊弗，就放他回了天庭。

Life Wisdom

西齊弗的命運可以解釋追求成功時所遭遇的許多事情。如果能把命運轉換成使命，那麼在很大程度上就能控制自己的命運。能控制自己的命運，還有什麼做不成的。

怎樣才能成功

一天，一位年輕人去見一位智者。

「請問，怎樣才能成功呢？」年輕人恭敬地問。

智者笑笑，遞給年輕人一顆花生：「它有什麼特點？」

年輕人愕然。

「用力捏捏它。」智者說。

年輕人用力一捏，花生殼被他捏碎了，留下來的是花生仁。

「再搓搓它。」智者說。

年輕人照他的話做了。花生仁的紅色種皮被他搓掉了，只留下白白的果實。

「再用手捏它。」智者說。

年輕人用力捏著，但是他的手無法再將它毀壞。

「用手搓搓看。」智者說。

當然，什麼也搓不下來。

「雖屢遭挫折，卻有一顆堅強、百折不撓的心。這就是成功的秘密。」智者說。

Life Wisdom

雖屢遭挫折，卻有一顆堅強、百折不撓的心。成功的秘訣之一就是握緊失敗的手，然後百折不撓地堅持下去。堅定的意志和強烈的成功欲望永遠是成功的不二法則。

向人生的高空飛翔

有塊石頭在深山裡寂寞地躺了很久，它有一個夢想：有一天能像鳥兒一樣飛翔。當它把自己的理想告訴同伴時，立刻招來同伴們的嘲笑：「瞧瞧，什麼叫心比天高，這就是啊！」「真是異想天開！」……但這塊石頭不理會同伴們的閒言碎語，仍然懷抱理想等待時機。

有一天一個叫莊子的人路過這裡，它知道這個人有非凡的智慧，就把自己的夢想告訴了他。莊子說：「我可以幫你實現，但你必須先長成一座大山，這可是要吃不少苦的。」石頭說：「我不怕。」

於是石頭拚命地吸取天地靈氣，承接雨露惠澤，不知經過多少年，受了多少風雨的洗禮，它終於長成了一座大山。於是，莊子招來大鵬以翅膀擊山，一時間天搖地動，一聲巨響後，山炸開了，無數塊石頭飛向天空，就在飛的一剎那，石頭會心地笑了。

但不久後它就從空中摔下來，仍舊變成當初的模樣，落在原來的地方。莊子問：「你後悔嗎？」「不，我不後悔，我長成過一座山，而且體會過飛翔的快樂！」石頭說。

Life Wisdom

人的一生就像石頭一樣，最初的開始和最終的結局都是一樣的，但過程卻各有不同。一個人的目標訂得高，他就必須付出更多的辛勞和汗水，即使經過全力打拚仍不得實現，至少也比他人走得遠、實現得多。

信念會使你升值

羅傑．羅爾斯是紐約歷史上第一位黑人州長，在他就職的記者招待會上，羅爾斯對自己的奮鬥史隻字不提，只說了一個非常陌生的名字——皮爾．保羅。後來人們才知道這是他小學的一位校長。

羅爾斯上小學時，正值美國嬉皮士流行，這兒的窮學生比「迷惘的一代」還要無所事事，他們曠課、鬥毆，甚至砸爛教室的黑板。當羅爾斯從窗台跳下，伸著小手走向講台時，校長說：「我一看你修長的小拇指就知道，將來你是紐約州的州長。」

當時羅爾斯大吃一驚，因為長這麼大，只有奶奶讓他振奮過一次，她說他可以成為五噸重小船的船長。羅爾斯記下了校長的話並且相信了它。從那天起，紐約州長就像一面旗幟，他的衣服不再沾滿泥土，他說話時也不再夾雜汙言穢語，他開始挺直腰桿子走路，他成了班主席。在以後的四十多年間，他沒有一天不按州長的身分要求自己。五十一歲那年，他真的成了州長。

在他的就職演說中有這麼一段話：「信念值多少錢？信念是不值錢的，它有時甚至是一個善意的欺騙，然而你一旦堅持下去，它就會迅速升值。」

Life Wisdom

在這個世界上，信念這種東西任何人都可以免費獲得，所有成功者最初都是從一個小小的信念開始的。

思維決定命運

假如寶貝放錯了地方

山裡人有一尊巨大的石像，石像面朝下躺在門前的泥地裡。對山裡人來說，它只不過是一塊石頭。

一天，一個城裡的學者經過這裡。他看到了石像，便問山裡人能不能把石像賣給他。山裡人聽了哈哈大笑，說：「你居然要買這塊又髒又臭的石頭，我一直為沒法搬開它而苦惱呢！」「那我用一個銀元買走它。」學者說。山裡人很高興，因為這不但使自己得到了一個銀元，而且也讓門前的場地寬敞了許多。

石像被學者設法運到了城裡。幾個月後，那個山裡人進城在大街上閒逛。他看見一間富麗堂皇的屋子前面圍著一大群人，其中有個人在高聲叫著：「快來看呀，來欣賞世界上最精美、最奇妙的雕像，只要兩個銀元就夠了，這可是世界上最頂尖的作品！」

於是，山裡人付了兩個銀元走進屋子，也想要一睹為快。事實上，山裡人所看到的正是他用一個銀元賣掉的那尊石像，可是他已無法認出這塊曾經屬於自己的石頭了。

Life Wisdom

在學者眼裡，石像是一尊最精美、最奇妙的寶貝；在山裡人眼裡，石像卻是一塊礙事的廢物。寶貝放錯了地方就是廢物。

修築你賺錢的管道

有個小村莊嚴重缺水，為了從根本上解決這個問題，村長決定對外簽訂一份送水合約，以使家家每天都有水喝。張三和李四接受了這份工作。

張三立刻行動起來，他買了兩個大木桶，每日奔波於一公里以外的湖泊和村莊之間，從湖中打水並運回村莊。由於起早貪黑地工作，張三很快就賺到了錢。雖然工作很辛苦，但他心裡很高興。

李四沒有像張三那樣買木桶，而是做了一份詳細的商業計畫。幾個星期後，李四帶著一個施工隊和一筆投資回到了村莊，花了一年的時間，李四的施工隊修建了一條從湖泊到村莊、大容量的輸水管道。

在竣工典禮上，李四宣佈他的水比張三的水乾淨，他能夠每天二十四小時從不間斷地為村民提供用水，同時價格比張三低一半。聽到這個消息，村民們都歡呼雀躍奔相走告，立即要求從李四的管道上接水龍頭。

李四的想法繼續在擴大。他想，其他有類似環境的村莊也一定需要水，於是他開始向周圍的村莊推銷他快速、大容量、低成本並且衛生的送水系統。這樣一來，雖然李四每送出一桶水只賺一毛錢，但他每天能送出幾十萬桶水。無論他是否工作，幾十萬人都要消耗這幾十萬桶水，而所有的這些錢都流入了李四的銀行帳戶中。

Life Wisdom

真正的富翁不只是工作，更要考慮如何更聰明、更有效率地工作，如何建立自己賺錢的供水系統，如何修築賺錢的管道——即使自己不工作，也可以讓錢源源不斷地流進自己的口袋。

你為什麼是窮人

一個乞丐懶洋洋地斜躺在地上，在他面前放著一個破碗，旁邊還放著一根討飯棍。每天都有很多人在他跟前經過，有的人見他很可憐，就在他的破碗裡丟幾個硬幣。

有一天，在這個乞丐的面前出現了一個穿戴非常整齊的年輕律師，這個律師對他說：「先生您好，您的一個遠房親戚不幸去世了，留下了三千萬美元的遺產，根據我們的調查，您是這筆遺產的唯一繼承人，所以請您在這份文件上簽個字，這筆遺產就屬於您的了。」一瞬間，這個人從一無所有的乞丐變成了富翁。

有個記者採訪他：「您得到這筆三千萬的遺產後，最想要做的是什麼事呢？」

這個人回答說：「我首先要買一個像樣一點的碗，再去買一根漂亮的棍子，這樣我就可以有模有樣地討飯了。」

Life Wisdom

想要成為富翁，你就要相信自己一定可以成功致富，並像富翁那樣去思考和行動。如果在內心深處，仍認為自己是一個窮人，那你永遠也不可能成為富翁。

窮人與富人的區別

一個富人見一個窮人很可憐，發善心願意幫他致富。富人送給窮人一頭牛，囑咐他好好開荒，等春天來了撒上種子，秋天就可以遠離貧窮了。

窮人滿懷希望開始開荒，可是沒過幾天，牛要吃草，人要吃飯，日子比過去還難，窮人就想：不如把牛賣了，買幾隻羊，先殺一隻吃，剩下的還可以生小羊，長大了拿去賣，可以賺更多的錢。

窮人的計畫付諸了行動，只是當他吃了一隻羊之後，小羊遲遲沒有生下來，日子又艱難了，他忍不住又吃了一隻。窮人想：這樣下去還得了，不如把羊賣了，改買雞，雞生蛋的速度要快一些，雞蛋立刻可以賺錢，日子立刻可以好轉。

窮人的計畫又付諸了行動，但是日子並沒有改變，又艱難了，他又忍不住殺雞，終於殺到只剩一隻雞時，窮人的理想徹底崩潰了。窮人想致富是無望了，還不如把雞賣了，打一壺酒，三杯下肚，萬事不愁。

很快春天來了，發善心的富人興致勃勃地來送種子，赫然發現，窮人正配著小菜喝酒，牛早就沒有了，窮人依然一貧如洗。

Life Wisdom

很多人都有過像窮人一樣的夢想，但要堅持到底卻很難。窮人總是逃避困難，富人總能想到解決問題的方法。成功者找方法，失敗者找藉口。這恐怕就是窮人與富人的區別吧。

有錢沒錢是一樣的

一個視錢如命的守財奴，把黃金藏在後院的一棵樹下，每週挖起來一次，對著黃金看上幾個小時。一天，竊賊把黃金挖走了，守財奴再來看時，只見一個洞，黃金全沒了。他放聲哀號，鄰居都跑來看個究竟，其中一人問道：「那些金子你用了多少？」

「一點都沒用，我只是每週來看它一次。」守財奴哭的聲音更大了。

「黃金對你的作用既然是如此，以後你乾脆每週來看這個洞吧！效果還不是一樣？」

Life Wisdom

是貧是富，其實不在於金錢的多少，而在於是否有智慧利用它。如果不曉得利用，有錢沒錢是一樣的，沒有什麼區別。

五年後的生活是什麼樣子

一九七六年的冬天，十九歲的邁克爾在休斯頓一家實驗室裡工作，他希望自己將來從事音樂創作。寫歌詞不是邁克爾的專長，他找到善寫歌詞的凡內芮一起創作。凡內芮瞭解到邁克爾對音樂的執著以及目前不知從何入手的迷茫，她決定幫助他實現夢想。她問邁克爾：「想像你五年後的生活是什麼樣子？」

邁克爾沉思了幾分鐘告訴她：「第一，我希望能有一張很受歡迎的唱片在市場上。第二，我能住在一個很有音樂氛圍的地方，能天天與世界一流的樂師一起工作。」

凡內芮接著他的話說：「我們現在把這個目標倒算回來。如果第五年，你有一張唱片在市場上，那麼第四年你一定要跟一家唱片公司簽約。」

「第三年你一定要有一個完整的作品，可以拿給很多唱片公司聽。」

「第二年你一定要有很棒的作品開始錄音了。」

「第一年你一定要把你所有要準備錄音的作品全部編曲，排練好。」

「第六個月你就要把那些沒有完成的作品修改好，然後讓自己可以逐一篩選。」

「第一個月你就要把目前這幾首曲子完工。」

「現在的第一個禮拜你就要先列出一張清單，排出哪些曲子需要修改，哪些需要完工。」

「好了，現在我們不就已經知道你下個星期一要做什麼了嗎？」凡內芮一口氣說完。

「你說你五年後，要生活在一個很有音樂氛圍的地方，然後與一流的樂師一起工作，對嗎？」她補充說，「如果，第五年你已經與這些人一起工作，那麼第四年你應該有自己的一個工作室或錄音室。第三年，你可能得先跟這個圈子裡的人在一起工作。第二年，你應該搬到紐約或是洛杉磯去住了。」

凡內芮的五年規劃讓邁克爾很受益。次年（一九七七年）他便辭掉了工作，離開了休斯頓，搬到洛杉磯。大約在第六個年頭的一九八三年，一位當紅歌手誕生了——邁克爾的唱片專輯在北美年暢銷幾千萬張，他一天二十四小時都與頂尖的音樂高手在一起工作。

Life Wisdom

五年後你「最希望」看到自己是什麼樣子？在你的生命中，上帝已經把所有的選擇權都交在你自己手上了。五年後的結果取決於五年前的選擇。

如果我有一百萬美元

一位年輕人在大學讀書，有一天他向校長提出了改進大學教育制度弊端的若干建議。他的意見沒被接受，於是他決定自己辦一所大學，自己當校長來消除這些弊端。

辦學校至少需要一百萬美元。上哪兒找這麼多錢呢？等畢業後再掙，那太遙遠了。於是，他每天都在寢室內苦思冥想如何能有一百萬美元。同學們都認為他有神經病，但他不以為然，堅信自己可以籌到這筆錢。

終於有一天，他想到了一個辦法。他打電話到報社說，他準備明天舉行一個演講會，題目叫「如果我有一百萬美元」。

第二天的演講吸引了許多商界人士。面對台下諸多成功人士，他在台上全心全意、發自內心地說出了自己的構想。

演講完畢，一個叫菲力浦·亞默的商人站了起來，說：「小夥子，你講得非常好。我決定投資一百萬，就照你說的辦。」

就這樣，年輕人用這筆錢辦了亞默理工學院，也就是現在著名的伊利諾理工學院的前身。而這個年輕人就是後來備受人們愛戴的哲學家、教育家岡索勒斯。

Life Wisdom

無論做什麼事，付諸行動尤為重要。如果說敢想就成功了一半，那麼另一半就是去做。想別人不敢想的，做你自己想要做的。敢想敢做，上帝都會幫助你。

極限就是自己給自己畫的一條線

一個漁翁在河邊釣魚，看樣子他的運氣還不錯，只見銀光一閃，一會兒就釣上來一條。但是奇怪的是，每逢釣到大魚，漁翁就會把牠們放到水中，只有小魚才放到魚簍裡。在旁邊觀看他垂釣良久的人迷惑不解，問道：「你為什麼要放掉大魚，而留下小魚呢？」

漁翁回答說：「我也是出於無奈啊，我只有一個小鍋，怎麼能煮得下大魚呢？」

Life Wisdom

所謂極限，就是自己給自己畫的一條線。目標並不等於結果，但結果的達成一定取決於目標的設立。

想要什麼就得到什麼

雨後，一隻蜘蛛艱難地向牆上已經支離破碎的網爬去，由於牆壁潮濕，牠爬到一定的高度就會掉下來，牠一次次地向上爬，一次次地又掉下來……

第一個人看到了，他說：「這隻蜘蛛真愚蠢，牠從旁邊乾燥的地方繞一下就能爬上去，我以後可不能像牠那樣愚蠢。」於是，他變得聰明起來。

第二個人看到了，他立刻被蜘蛛屢敗屢戰的精神感動了，並從中得到啟示，於是，他變得堅強起來。

第三個人看到了，他嘆了一口氣，自言自語：「我的一生不正如這隻蜘蛛嗎，忙忙碌碌而無所得。」於是，他日漸消沉。

Life Wisdom

你想要什麼，就會得到什麼。因為每個人心中都有一個命題，憑藉自己的眼睛去尋找證明命題成立的論據。

剪斷心中的那根臍帶

有一個登山者，一心一意想要登上世界第一高峰。在經過多年的準備之後，他開始了他的旅程。但是，由於他希望完全由自己獨得全部的榮耀，所以他決定獨自出發。

他開始向上攀爬。天已經很晚了，他非但沒有停下來準備帳篷露營，反而繼續向上攀登，直到四周變得非常黑暗，他什麼都看不見。

即使這樣，他還是繼續向上攀爬。就在離山頂只剩下幾公尺的地方，他滑倒了，並且迅速地跌了下去。跌落的過程中，他僅僅能看見一些黑色的陰影，僅僅能感受到一種被地心引力吸住而快速下墜的恐怖。

就在這極其恐怖的時刻，他的一生，不論好與壞，都一幕幕地呈現在他的腦海中。當他一心一意地想著，死亡正快速地接近他的時候，突然間，他感到繫在腰間的繩子，重重地拉住了他。他整個人被吊在半空中，而那根繩子是唯一拉住他的東西。

在這種上不著天，下不著地，求助無門的境況中，他毫無辦法，只好大聲呼叫：「上帝啊！快來救救我！」

突然間，從天上傳來了低沉的聲音：「你要我做什麼？」

「上帝！快來救救我！」

「你真的相信我可以救你嗎？」

「我當然相信！」

「那就割斷繫在你腰間的繩子。」

在短暫的寂靜之後，登山者決定繼續全力抓住那根救命的繩子。

第二天，搜救隊找到了登山者的遺體——已經凍得很僵硬，他的屍體掛在一根繩子上，他的手也緊緊地抓著那根繩子——在距離地面僅僅一公尺的地方。

Life Wisdom

人生中，權力、金錢、名聲猶如一條條鎖鏈，左右著人的思想和行為。其實如果越過雷池，更有無限風光。只有把心中的那根臍帶剪斷，新生命才會真正地誕生。

找到一個合適的舞台

在動物園裡的小駱駝問媽媽：「媽媽，媽媽，為什麼我們的睫毛那麼長？」

駱駝媽媽說：「當風沙來的時候，長長的睫毛可以讓我們在風暴中看得到方向。」

小駱駝又問：「媽媽，媽媽，為什麼我們的背那麼駝，醜死了！」

駱駝媽媽說：「這個叫駝峰，可以幫我們儲存大量的水和養分，讓我們能在沙漠中耐受十幾天無水無食的條件。」

小駱駝又問：「媽媽，媽媽，為什麼我們的腳掌那麼厚？」

駱駝媽媽說：「那可以讓我們重重的身子不至於陷在軟軟的沙子裡，便於長途跋涉啊。」

小駱駝高興極了：「嘩，原來我們這麼有用啊！可是媽媽，為什麼我們還在動物園裡，不去沙漠遠足呢？」

Life Wisdom

天生我才必有用，只是我們不去用。每個人的潛能都是無限的，關鍵是要找到一個能充分發揮潛能的舞台。

夢想都留在了二十歲

有一對兄弟，他們的家在八十樓。有一天他們外出旅行回家，發現大樓停電了！雖然他們背著大包行李，但看來似乎沒有別的選擇，於是哥哥便對弟弟說：「我們就爬樓梯上去吧！」

他們背著兩大包行李開始爬樓梯。爬到二十樓時開始感到疲憊，這時哥哥提議：「行李太重了，不如這樣吧，我們把它放在這裡，等電來了再坐電梯來拿。」於是他們就把行李放在二十樓，繼續向上爬。

他們有說有笑地往上爬，但好景不長，到了四十樓，兩人已經累垮了。然而，想到只爬了一半，兩人便開始互相埋怨，指責對方不注意大樓的停電公告，才會落得如此下場。他們邊吵邊爬，就這樣一路爬到了六十樓。

到了六十樓，他們累得連吵架的力氣也沒有了。這時弟弟就對哥哥說：「我們不要吵了，爬完它吧！」於是他們默默地繼續爬樓，終於八十樓到了！他們興奮地來到家門口，但不幸的是，他們發現鑰匙竟留在二十樓的行李裡……

Life Wisdom

二十歲前背負很多包袱，我們步履蹣跚；二十歲後卸下包袱，我們開始追求自己的夢想；到了四十歲開始遺憾和惋惜，就這樣度過了二十年；到了六十歲才發現時間不多沒必要抱怨，生命已近終點。原來，我們把夢想都留在了二十歲！

還是原來的模樣

準備換腦袋的兩個人——一個體弱的富翁，一個健康的窮漢，兩人相互羡慕著對方。富翁為了得到健康，樂意出讓他的財富；窮漢為了成為富翁，願意捨棄他的健康。

一位聞名世界的外科醫生發現了人腦的交換方法。富翁趕緊提出要和窮漢交換腦袋。其結果，富翁會變窮，但能得到健康的身體；窮漢會富有，但將病魔纏身。

手術成功了。窮漢成為富翁，富翁變成了窮漢。

但不久，成了窮漢的富翁由於有了強健的體魄，又有著成功的意識，漸漸地又累積了財富。可同時，他總是擔憂著自己的健康，一感到些微的不舒服便大驚小怪。由於他總是那樣擔驚受怕，久而久之，他又回到了以前那種富有而體弱的狀況中。

那麼，另一位新富翁又怎麼樣呢？雖然身體孱弱，但他總算有了錢。然而，他總是忘不了自己是個窮漢，有著失敗的意識。他不想用換腦得來的錢建立一種新生活，於是不斷地把錢浪費在無用的投資裡，應了「老鼠不留隔夜食」這句老話。

錢不久便揮霍殆盡，他又變成了原來的窮漢。不過，由於他無憂無慮，換腦時帶來的疾病也不知不覺地消失了。他又像以前那樣有了一副健康的身子骨。

最後，兩人都回到了原來的模樣。

Life Wisdom

不管外在的力量有多麼強大，人內心中的自己還是很難發生本質變化的。可以說，習慣決定了命運。

態度決定一切

做個積極的解夢人

一位秀才第三次進京趕考，考試前兩天他做了三個夢。第一個夢他夢到自己在牆上種了顆白菜，第二個夢他夢到自己在下雨天戴著斗笠還打著傘，第三個夢他夢到自己跟心愛的表妹躺在一起，但卻是背靠背。

這三個夢似乎有些深奧，秀才第二天趕緊找算命先生解夢。算命的一聽，連拍大腿說：「你還是回家吧。你想想，高牆上種菜不是白費勁嗎？戴斗笠打雨傘不是多此一舉嗎？跟表妹躺在一張床上卻背靠背，這不是沒戲嗎？」

秀才一聽，心灰意冷，回到入住的客棧收拾包袱準備回家。店老闆覺得奇怪，於是問道：「不是明天才考試嗎，怎麼今天你就回鄉了？」秀才如此這般說了一番。

店老闆樂了：「我也會解夢的，我倒覺得你這次一定要留下來。你想想，牆上種菜不是高中嗎？戴斗笠打傘不是說明你這次有備無患嗎？跟你表妹背靠背躺在床上，不是說明你翻身的時候就要到了嗎？」

秀才一聽，覺得這番解析更有道理，於是精神振奮地參加了考試。結果，他竟然中了個探花。

Life Wisdom

態度決定我們的生活，想要有好的生活，首先要擁有好的生活態度。

你能有什麼辦法

有個人嗜酒如命且毒癮甚深，有一次差點把命都斷送了——因為在酒吧裡看不順眼一位酒保而殺了這個人，他被判終身監禁。

這個人有兩個兒子，年齡只相差一歲。其中一個跟父親一樣有很重的毒癮，靠偷竊和勒索維生，也因犯了殺人罪而坐牢。但另外一個兒子可就不一樣了，他擔任一家大企業的分公司經理，有美滿的婚姻，有三個可愛的孩子，既不喝酒更未吸毒。

為什麼有同樣的一個父親，在完全相同的環境下長大，兩個人卻有著不同的命運呢？一次訪問中，記者問起造成他們現狀的原因，兩人竟是同樣的答案：「有這樣的父親，我還能有什麼辦法？」

Life Wisdom

影響我們人生的絕不是環境，而是我們對這一切所持有的態度，態度決定一切！

拼對你的世界地圖

美國一位牧師正在家裡準備第二天的布道。他的小兒子在屋裡吵鬧不止，令人不得安寧。牧師從一本雜誌上撕下一頁世界地圖，然後撕成碎片，丟在地上說：「孩子，如果你能將這張地圖拼好，我就給你一塊錢。」

牧師以為這件事會使兒子花費一個上午的時間，但是沒過十分鐘，兒子就敲響了他的房門。牧師驚愕地看到，兒子手中捧著已經拼好了的世界地圖。

「你是怎樣拼好的？」牧師問道。

「這很容易，」孩子說：「在地圖的另一面有一個人的照片。我先把這個人的照片拼到一起，再把它翻過來。我想，如果這個人是正確的，那麼世界地圖也就是正確的。」

牧師微笑著給了兒子一塊錢，說道：「你已經替我準備好了明天的布道，如果一個人是正確的，他的世界就是正確的。」

Life Wisdom

如果你是對的，你的世界就是對的。如果你能把你的世界地圖拼對了，那麼你的人生旅行也會因此豐盈圓滿。

千萬別開錯窗

一個小女孩趴在窗台上，看窗外的人正在埋葬她心愛的小狗，不禁淚流滿面，悲慟不已。她的祖父見狀，連忙引她到另一個窗口，讓她欣賞他的玫瑰花園。果然小女孩的愁雲為之一掃，心境頓時明朗。

老人托起小女孩的下巴說：「孩子，妳剛才開錯了窗戶。」

Life Wisdom

人生路上，我們也常常會開錯「窗」。不同的「窗口」，有不同的背景和不同的劇情，也會帶給我們不同的心態。人生路上，有的「窗」可以打開，有的「窗」不可以打開。

你來自怎樣的城鎮

從前有一位聰明的老人，每天坐在加油站外面的椅子上，向開車經過鎮上的人打招呼。一天，他的孫女兒在他身旁，陪他慢慢地共度光陰。他倆坐在那裡看著人們經過，後來來了一位身材很高、看來像個遊客的男人（他們認識鎮上每個人）到處打聽，想要找地方住下來。

陌生人走過來說：「這是個怎樣的城鎮？」

老人慢慢抬起頭來回答道：「你來自怎樣的城鎮？」

遊客說：「在我原來住的地方，人人都很喜歡批評別人。鄰居之間常說別人的閒話，總之那地方很不好住。我真高興能夠離開，那不是個令人愉快的地方。」搖椅上的老人對陌生人說：「那我得告訴你，其實這裡也差不多。」

過了個把小時，一輛載著一家人的大卡車在這裡停下來加油。車子慢慢轉進加油站，停在老先生和他孫女兒坐的地方。母親帶著兩個小孩子下來問哪裡有洗手間，老人指著一扇門，上面有根釘子懸著扭歪了的牌子。

父親也下了車，問老人說：「住在這市鎮不錯吧！」坐在椅子上的老人回答：「你原來住的地方怎樣？」

父親說：「我原來住的城鎮每個人都很親切，人人都願幫助鄰居。無論到哪裡，總會有人跟你打招呼，說謝謝。我真捨不得離開。」老先生轉過來看著那名父親，臉上露出和藹的微笑：「其實這裡也差不多。」然後那家人回到車上，說了謝謝，揮手再見，驅車離開。

等到那家人走遠，孫女兒抬頭問祖父：「爺爺，為什麼你告訴第一個人這裡很可怕，卻告訴第二個人這裡很好呢？」

老人慈祥地看著孫女兒美麗湛藍的雙眼說：「不管你搬到哪裡，你都會帶著自己的態度；那地方可怕或可愛，全在於你自己！」

Life Wisdom

不管搬到哪裡，你都會帶著自己的態度；那地方可怕或可愛，全在於自己。

在馬糞中尋找小紅馬

有位父親想要對一對孿生兄弟作「性格改造」，因為其中一個過分樂觀，而另一個則過分悲觀。一天，他買了許多色澤鮮豔的新玩具給悲觀孩子，又把樂觀孩子送進了一間堆滿馬糞的車房裡。

第二天清晨，父親看到悲觀孩子正泣不成聲，便問：「為什麼不玩那些玩具呢？」

「玩了就會壞的。」孩子仍在哭泣。

父親嘆了口氣，走進車房，卻發現那樂觀孩子正興高采烈地在馬糞裡掏著什麼東西。

「告訴你，爸爸。」那孩子得意洋洋地宣稱：「我想馬糞堆裡一定還藏著一匹小紅馬呢！」

Life Wisdom

樂觀者與悲觀者之間的差別是很有趣的：樂觀者看到的是油炸圈餅，悲觀者看到的是一個窟窿。

沒有所謂的天才與笨蛋

若干年前，羅伯特博士在哈佛大學主持一項為期六週的「老鼠通過迷陣吃乾酪」實驗。實驗的對象是三組學生與三組老鼠。

他對第一組的學生說：「你們太幸運了，因為你們將跟一大群天才老鼠在一起。這群老鼠非常聰明，牠們將迅速通過迷陣抵達終點，然後吃許多乾酪，所以你們必須多買一些乾酪放在終點餵牠們。」

他對第二組的學生說：「你們將和一群普通的老鼠在一起。這群老鼠雖不太聰明，但也不太愚笨，牠們最後還是會通過迷陣抵達終點，然後吃一些乾酪。只是因為牠們的智慧平平，所以不要對牠們期望太高。」

他對第三組的學生說：「很抱歉！你們將跟一群愚笨的老鼠在一起。這群老鼠笨極了，因此，牠們的表現會很差，如果牠們能通過迷陣到達終點，那是意外，所以你們根本不用準備乾酪。」

六個星期之後，實驗結果出來了。天才老鼠迅速通過迷陣，很快就抵達終點；普通老鼠也到達了終點，不過速度很緩慢。至於愚笨的老鼠，只有一隻通過迷陣，找到終點。

有趣的是，在這項實驗中，根本沒有所謂的天才老鼠與愚笨老鼠，牠們通通是一窩普通的老鼠。

Life Wisdom

態度能產生神奇的力量。你的態度決定了你是天才的，或是愚笨的。

試著掙脫拴住你的鐵鏈

小象出生在馬戲團中，牠的父母也都是馬戲團中的老演員。

小象很淘氣，總想到處跑動。工作人員在牠腿上拴上一條細鐵鏈，另一頭繫在鐵柱上。小象對這根鐵鏈很不習慣，牠用力去掙，掙不脫，無奈的牠只好在鐵鏈範圍內活動。

過了幾天，小象又試著想掙脫鐵鏈，可還是沒有成功，牠只好悶悶不樂地老實下來。一次又一次，小象不管怎麼掙脫，就是掙脫不了鐵鏈。慢慢地，牠不再去試了，牠習慣鐵鏈了，再看看父母也是一樣嘛，好像本來就應該是這個樣子。

小象一天天長大了，以牠此時的力氣，掙斷那根小鐵鏈簡直不費吹灰之力，可是牠從來沒想過。牠認為那根鏈子對牠來說牢不可破，這個強烈的心理暗示早已深深地植入牠的記憶中。

一代又一代，馬戲團中的大象們就這樣被一根有形的小鐵鏈和一根無形的大鐵鏈拴著，活動在一個固定的小範圍中。

Life Wisdom

時勢不斷變化，當初做不到的事，今天可能就會輕而易舉地做到；當初能辦到的事，今天可能就難以辦到。無論如何，關鍵是心中不要存下一個一成不變的概念。

人生如水

有個人總是落魄不得志，有人讓他去找智者。

智者深思良久，默然舀起一瓢水，問：「這水是什麼形狀？」這人搖頭：「水哪有什麼形狀？」智者不答，只是把水倒入杯子，這人恍然：「我知道了，水的形狀像杯子。」

智者無語，又把杯子中的水倒入旁邊的花瓶。這人悟道：「我知道了，水的形狀像花瓶。」

智者搖頭，輕輕端起花瓶，把水倒入一個盛滿沙土的盆，清清的水便一下融入沙土，不見了。這個人陷入了沉默與思考。智者彎腰抓起一把沙土，嘆道：「看，水就這麼消逝了，這也是一生！」

這個人對智者的話咀嚼良久，高興地說：「我知道了，您是通過水告訴我，社會處處像一個個規則的容器，人應該像水，盛進什麼容器就是什麼形狀。而且，人還極有可能在一個規則的容器中消逝，就像這水一樣，消逝得迅速、突然，而且一切無法改變！」這人說完，緊盯著智者的眼睛，他現在急於得到智者的肯定。

「是這樣。」智者拈鬚，轉而又說：「又不是這樣！」語畢，智者出門，這人隨後。在屋簷下，智者伏下身子，手在青石板的台階上摸了一會兒，然後頓住。這人把手指伸向剛才智者觸摸過的地方，他感到有一個凹處，他不知道這本來平整的石階上的「小窩」藏著什麼玄機。

智者說：「一到雨天，雨水就會從屋簷落下，這個凹處就是水落下的結果。」此人遂大悟：「我明白了，人可能被裝入規則的容器，但又應該像小小的水滴，改變著這堅硬的青石板，直到破壞容器。」智者說：「對！這個窩就會變成一個洞！」

Life Wisdom

人生如水，我們只有盡力適應環境、努力改變環境，才有可能實現抱負。

不過一碗飯，不過一念間

兩個不如意的年輕人，一起去拜望師父：「師父，我們在辦公室被欺負，太痛苦了，求你開示，我們是不是該辭掉工作？」兩個人一起問。

師父閉著眼睛，隔半天，吐出五個字：「不過一碗飯。」就揮揮手，示意年輕人退下了。

一回到公司，一個人就遞上辭呈，回家種田，另一個人則安然不動。

日子真快，轉眼十年過去了。回家種田的以現代方法經營，加上品種改良，居然成了農業專家。另一個留在公司的也不差，他忍著氣，努力學，漸漸受到器重，成了經理。

有一天，兩個人相遇了。

「奇怪，師父給我們同樣『不過一碗飯』這五個字，我一聽就懂了。不過一碗飯嘛，日子有什麼難過？何必硬待在公司？所以我就辭職了！」農業專家問另一個人：「為什麼你當時沒有聽師父的話呢？」

「我聽了啊，」那經理笑道：「師父說『不過一碗飯』，多受氣，多受累，我只要想，不過為了混口飯吃，老闆說什麼是什麼，少賭氣，少計較，就成了，師父不是這個意思嗎？」

兩個人又去拜望了師父，師父已經很老了，仍然閉著眼睛，隔半天，回答了五個字：「不過一念間。」然後揮揮手……

Life Wisdom

很多事，真的是一念之間！成敗就在一念之間，苦樂就在一念之間。所以，在決定做什麼事時，要多想想才行。

參照標準別錯了

有一個人去買碗，他懂得一些識別瓷器品質的方法，即用一個碗輕撞其他碗，發出清脆聲音的碗肯定是質地好的。但來到店裡，他卻發現每一個碗發出的聲音都不夠清脆，即便店員拿出價格高昂的工藝碗，結果還是讓他不甚滿意。

店員最後不解地問：「你為什麼拿著碗輕撞它呢？」那人說這是一種辨別瓷器品質的方法。

店員一聽，立即取出一個品質上乘的碗交給他：「你用這個碗去試試。」他換了碗，再去輕撞其他的碗，聲音變得鏗鏘起來。原來，他先前手中拿著的是一個質地很差的碗，它去輕碰每一個碗，都會發出混濁之音。

Life Wisdom

合作者變了，參照標準變了，一切都變了。生活也是如此，你的參照標準如果錯了，那麼你眼中的整個世界也就錯了。

花兒努力地開

有個人想學醫，可是又猶豫不決，就去問他的一個朋友：「再過四年，我就四十四歲了，還行嗎？」

朋友對他說：「怎麼不行呢？你不學醫，再過了四年，你也是四十四歲啊！」

朋友的話使他頓悟，第二天他就報了名。

Life Wisdom

花兒總是在努力地開，美好的日子也在一天天地往前流。你是要痛苦地挨過一個個日子，還是願意欣喜地度過每一天？生活就是這樣，如果你能以一種豁達開朗、樂觀向上的心態去構築每一天，你的日子就會變得燦爛而光明。

心存感恩海闊天空

一次，美國前總統羅斯福家被盜，丟了許多東西，一位朋友聞訊後，忙寫信安慰他，勸他不必太在意。

羅斯福給朋友寫了一封回信：「親愛的朋友，謝謝你來信安慰我，我現在很平安。感謝上帝：因為第一，賊偷去的是我的東西，而沒有傷害我的生命；第二，賊只偷去我部分的東西，而不是全部；第三，最值得慶幸的是，做賊的是他，而不是我。」

Life Wisdom

生活就是一面鏡子，你笑，它也笑；你哭，它也哭。感恩不純粹是一種心理安慰，也不是對現實的逃避，它是一種歌唱生活的方式，它來自對生活的愛與希望。

第二章

成功者的智慧

改變想法路更寬

換個做法

一次，電台請了一位商界奇才作嘉賓主持，大家非常希望能聽他談談成功之道。但他只是淡淡一笑，說：「還是出個題考考你們吧。某地發現了金礦，人們一窩蜂地湧去，然而一條大河擋住了必經之路，是你，會怎麼辦？」

有人說繞道走，也有人說游過去。但他卻含笑不語，過了很久，他才說：「為什麼非得去淘金，為什麼不可以買一條船開展營運？」

大家愕然。他卻說：「那樣的情況就算宰得渡客只剩下一條短褲，渡客也會心甘情願。因為前面有金礦啊！」

Life Wisdom

「做他人不想做的，想他人不曾想的。」這就是成功之道。困境在智者的眼中往往意味著一個潛在的機遇。

成敗五塊錢

五十多年前，一個中國青年隨著「闖南洋」的大軍來到馬來西亞，當他站在這片土地上時，口袋只剩下五塊錢。

為了生存，他在這片土地上為橡膠園主割過橡膠，採過香蕉，為小飯店端過盤子……誰也不會想到，就是這樣一個年輕人，五十年後，成了馬來西亞的一位億萬富翁。

很多人試圖找到他成功的秘密所在，但他們發現，他所擁有的機會跟大家都是一樣的，唯一的區別可能是：他敢於冒險。他可以在賺到十萬元的時候，把這十萬元全部投入新的行業當中。這在那個動盪的投資環境中，一般人是很難做到的。他就是馬來西亞巨亨謝英福，他的創業史被馬來西亞人津津樂道。

馬來西亞首相馬哈蒂爾也熟知他。當時，馬來西亞有一家國營鋼鐵廠經營不善，虧損高達一．五億元。首相找到他，請他擔任公司總裁，並設法挽救該工廠。

他爽快地答應了。在別人看來，這是一個錯誤的決定，因為鋼鐵廠積重難返，生產設備落後，員工凝聚力渙散。這是一個巨大的黑洞，無法用金錢填平。

謝英福卻坦然面對媒體，說：「當年來到馬來西亞時，我口袋只有五塊錢，這個國家令我成功，現在是我報效國家的時候。如果我失敗了，那就等於損失了五塊錢。」

年近六旬的他從豪華的別墅裡搬出來，來到了鋼鐵廠，在一個簡陋的宿舍辦公，他象徵性的工資是馬來西亞幣一元。三年過去了，企業轉虧為盈，盈利達一．三億港元，而他也成為東南亞鋼鐵巨頭。他又成功了，贏得讓人心服口服。

謝英福面對成功，笑著說：「我只是撿回了我的五塊錢。」

Life Wisdom

當一個商人無視金錢得失，以德回報社會時，初看是愚蠢，其實是大智大勇大善，最終必成大家。

一枚金幣的推銷術

法國一個城市的偏僻小巷被人們擠得水洩不通，只見一位五十多歲的男子拿出一瓶強力膠水及一枚金幣，然後在金幣的背後輕輕塗上一層薄薄的膠水，再貼到牆上。不久，一個接一個的人都來碰運氣，看誰能揭下牆上那枚價值五千法郎的金幣。

小巷裡的人來來往往，最終沒有人能拿下那枚金幣，金幣牢牢地粘在牆上。

原來，那男子是個老闆，由於他的商店位置偏僻，生意不好，他便想出了一個奇妙的廣告辦法：用出售的膠水把一枚價值五千法郎的金幣粘在牆上，誰揭下，那枚金幣就歸誰。

那天，沒有人拿下那枚金幣，但是，大家都認識了一種強力膠水。從此，那家商店的膠水供不應求。

Life Wisdom

一個好點子可以拯救一個企業，這就是創意和策劃的價值。

一加一可以大於二

一個猶太人如此教導兒子：「我們唯一的財富就是智慧，當別人說一加一等於二時，你就應該想到大於二。」

一九七四年，美國政府為了清理給自由女神像翻新而產生的大堆廢料，向社會廣泛招標。但好幾個月過去了，沒有人應標，因為在紐約州，垃圾處理有嚴格規定，弄不好會受到環保組織的起訴。

猶太人的兒子當時正在法國旅行，聽到這個消息，立即終止了休假，飛往紐約。看過自由女神像下堆積如山的銅塊、螺絲和木料後，他一言不發，立即與政府部門簽下了協定。

消息傳開後，紐約的許多運輸公司都在偷笑，他的許多同僚也認為廢料回收吃力不討好，能回收的資源價值也有限，這一舉動實乃愚蠢之極。

當這些人在看笑話的時候，他已經開始召集工人對廢料進行分類。他讓人把廢銅熔化，鑄成小自由女神像，舊木料則加工成底座，廢銅、廢鋁的邊角料則做成紐約廣場的鑰匙，他甚至把從女神像身上掃下來的灰塵都包裝起來，出售給花店。

這些廢銅、邊角料、灰塵都以高出它們原來價值的數倍乃至數十倍賣出，且供不應求。不到三個月時間，他已讓這堆廢料變成了三五〇萬美元，每磅銅的價格整整翻了一萬倍。

Life Wisdom

商業化的社會永無等式可言，當你抱怨生意難做時，也許有人正在因點鈔票而累得氣喘吁吁呢。這裡面的奧妙在於：你認為一加一等於二，而他則堅持一加一大於二。

對面便是成功

一名探險家出發去北極，最後卻到了南極。

當別人問他為什麼時，他說：「我帶的是指南針，找不到北極。」

對方說：「怎麼可能呢？南極的對面不就是北極嗎？轉過身就可以了。」

Life Wisdom

當我們在生活中一次次被撞得暈頭轉向、頭破血流時，失敗是最好的指南針，以它恆久不變的指標朝著錯誤的方向，只要轉過頭去，對面便是成功。

將毒汁變成檸檬水

住在佛羅里達州的一位農夫買下一片農場，買下以後，他覺得非常頹喪。那塊地壞得使農夫既不能種水果，也不能養豬，能生長的只有白楊樹及響尾蛇。然而，農夫卻想到了一個好主意，要把他所擁有的變成一種資產——他要利用那些響尾蛇。

農夫的做法使每一個人都很吃驚，他開始做響尾蛇肉罐頭。每年來參觀他的響尾蛇農場的遊客差不多有兩萬人。他的生意做得非常大。從他養的響尾蛇中提取出來的蛇毒，運送到各大藥廠去做蛇毒的血清；響尾蛇皮以很高的價錢賣出去做女人的鞋子和皮包；裝著響尾蛇肉的罐頭送到全世界各地的顧客手裡。

為了紀念這位把「有毒的檸檬」做成了「甜美的檸檬水」的先生，這個村子現在已改名為佛羅里達州響尾蛇村。

Life Wisdom

奇蹟通常都是在冒險和實踐中創造出來的。當生活中出現意外時，我們不妨多多嘗試，然後心平氣和地迎接奇蹟出現。

讓理想轉個彎

他是一名農夫，從小的理想就是當作家，為此，他一如既往地努力著，十年來，堅持每天至少寫作五百字。每寫完一篇，他都改了又改，精心地加工潤色，然後再充滿希望地寄往各地的報紙雜誌。遺憾的是，儘管他很用功，可他從來沒有一篇文字得以發表，甚至連一封退稿信都沒有收到過。

二十九歲那年，他總算收到了第一封退稿信。那是一位他多年來一直堅持投稿的一家刊物的編輯寄來的，信裡寫道：「看得出你是一名很努力的青年，但我不得不遺憾地告訴你，你的知識面過於狹窄，生活經歷也顯得過於蒼白，不過我從你多年的來稿中發現，你的鋼筆字愈來愈出色……」

就是這封退稿信，點醒了他的困惑。他毅然放棄寫作，轉而練起了鋼筆書法，果真長進很快，現在他已是有名的硬筆書法家。

Life Wisdom

一個人想要成功，理想、勇氣、毅力固然重要，但更重要的是，在錯綜複雜的人生路上，如遇到迷途，要懂得捨棄，更要懂得轉彎！

並非無路可走

一個喝醉酒的人走出酒店時，天色已經很晚了。他踉踉蹌蹌地尋找著回家的路。他看見一條彎彎曲曲的路，就醉醺醺地朝前走。忽然「咚」的一聲，頭撞到了一個硬邦邦的東西。他被撞得兩眼直冒金星。

他朝後退了兩步，抬頭一看，原來是一塊路標，上面寫著「此路不通」。

醉漢眨了眨眼，定了定神，又糊里糊塗地走了一會兒，結果又來到了這塊路標前，不小心「咚」的一聲，把頭撞得很疼。他朝後退了兩步，抬頭一看，原來又是一塊路標，上面仍寫著「此路不通」。

醉漢定了定神，又糊里糊塗地走了起來，走著走著，頭又被「咚」的一聲撞痛了。原來，他又來到了這塊標牌前，當然他並不知道。他摸摸頭上撞出的腫包，穩了穩神，又繼續走路。走著走著，頭又被「咚」的一聲碰痛了。他朝後退了幾步，抬頭一看，又是一塊路標。上面還是寫著「此路不通」。

「天哪，我被圍住啦！」醉漢絕望地喊道。

Life Wisdom

不要只知道自己已經多次碰壁，不要老是斷言自己已經無路可走，問問自己：是不是在同一條路上來回繞圈子，忘記了還有其他的出路和方法。

負重才不會被打翻

一艘貨輪卸貨後返航，在浩渺的大海上，突然遭遇巨大風暴，老船長果斷下令：「打開所有貨艙，立刻往裡面灌水。」

水手們擔憂：「往船裡灌水是險上加險，這不是自找死路嗎？」

老船長鎮定地說：「大家見過根深幹粗的樹被暴風颳倒過嗎？被颳倒的是沒有根基的小樹。」

水手們半信半疑地照著做了。雖然暴風巨浪依舊那麼猛烈，但隨著貨艙裡的水位愈來愈高，貨輪漸漸平穩了。

老船長告訴那些鬆了一口氣的水手：「一個空木桶是很容易被風打翻的，如果裝滿水負重了，風是吹不倒的。船在負重時是最安全的，空船時才是最危險的時候。」

Life Wisdom

人何嘗不是呢？那些胸懷大志的人，沉重的責任感時刻壓在心頭，砥礪著人生的堅穩腳步，從歲月和歷史的風雨中堅定地走了出來。而那些得過且過、空耗時光的人，像一個沒有盛水的空水桶，往往一場人生的風雨便把他們徹底地打翻了。給我們自己加滿「水」，使我們負重，這樣才不會被打翻。

什麼是真正的男子漢

兒子都已經十六、十七歲了，卻一點男子漢的氣概都沒有。苦惱的父親去拜訪一位拳師，請這位武術大師幫他訓練他的兒子，重塑男子漢的氣概。拳師答應父親半年後一定把孩子訓練成一個真正的男子漢。

半年後，男孩的父親來接他，拳師安排了一場拳擊比賽來向這位父親展示訓練成果。被安排與男孩對打的是一名拳擊教練。教練一出手，這男孩便應聲倒地。但是，男孩剛剛倒地便立即站起來接受挑戰。倒下去又站了起來……如此來來回回總共二十多次。

拳師問這名父親：「你覺得你孩子的表現夠不夠男子漢氣概？」

「我簡直無地自容了，想不到我送他來這裡訓練半年多，我所看到的結果還是這麼不經打，被人一打就倒。」父親傷心地回答。

拳師意味深長地說：「我很遺憾，因為你只看到了表面的勝負。你有沒有看到你兒子倒下去又立刻站起來的勇氣和毅力呢？那才是真正的男子漢氣概！」

Life Wisdom

能夠迅速打敗對手固然可貴，但更可貴的是，能在倒下後屢敗屢戰，直到勝利。只要站起來的次數比倒下去的次數多一次，那就是成功。

最大的不幸

有一個人在他二十三歲時被人陷害，在牢房裡待了九年，後來冤案告破，他終於走出了監獄。出獄後，他開始了常年如一日地反覆控訴、咒罵：「我真不幸，在最年輕有為的時候竟遭受冤屈，在監獄度過本應最美好的一段時光。

「那樣的監獄簡直不是人居住的地方，狹窄得連轉身都困難。唯一的細小窗口裡幾乎看不到陽光，冬天寒冷難忍；夏天蚊蟲叮咬……真不明白，上帝為什麼不懲罰那個陷害我的傢伙，即使將他千刀萬剮，也難以解我心頭之恨啊！」

七十三歲那年，在貧病交加中，他終於臥床不起。彌留之際，牧師來到他的床邊：「可憐的孩子，到天堂之前，懺悔你在人世間的一切罪惡吧……」

牧師的話還沒說完，病床上的他即聲嘶力竭地叫喊起來：「我沒有什麼需要懺悔，我需要的是詛咒，詛咒那些施予我不幸命運的人……」

牧師問：「您因受冤屈在監獄待了多少年？離開監獄後又生活了多少年？」他惡狠狠地將數字告訴了牧師。

牧師長嘆了一口氣：「可憐的人，您真是世上最不幸的人，對您的不幸，我真的感到萬分同情和悲痛！他人囚禁了您區區九年，而當您走出監牢本應獲取永久自由的時候，您卻用心底的仇恨、抱怨、詛咒囚禁了自己整整四十一年！」

Life Wisdom

用別人的錯誤來懲罰自己，既浪費感情和精力，也讓自己頹廢和空虛。人生短暫，要做的事情很多，包容一下，一切都會過去。不知道原諒別人而讓自己痛苦，才是最大的不幸。

安樂的價值

有位國王和一位波斯奴隸同坐在一條船上。那個奴隸從來沒有見過海洋，也沒有嘗過坐船的艱辛。一路上他哭哭啼啼，顫慄不已。大家百般安慰，他仍繼續哭鬧。國王被他擾得不得安寧，大家始終想不出解決辦法來。

船上有一個哲學家說：「讓我試一試吧，我可以使他安靜下來。」

哲學家立刻叫人把那奴隸拋到海裡。奴隸在海裡掙扎了幾次，人們才抓住他的頭髮，把他拖到船上。

奴隸上船以後，坐在一個角落裡，不再作聲。

國王很高興，開口問哲學家：「你這方法，奧妙何在？」

哲學家說：「以前他不知道滅頂的痛苦，便想不到穩坐船上的可貴。」

Life Wisdom

一個人總要經歷過憂患才知道安樂的價值。人們很難做到隨遇而安，除非他知道事情本來會更糟。

比一顆豆子更堅強

猶太人說，這世界上賣豆子的人應該是最快樂的，因為他們永遠不必擔心豆子賣不出去。假如他們的豆子賣不完，可以拿回家磨成豆漿，再拿出來賣給行人；豆漿賣不完，可以製成豆腐；豆腐賣不完，變硬了，可以當作豆腐乾來賣；豆腐乾賣不完，可以醃起來，變成腐乳。

還有一種選擇是：賣豆人把賣不出去的豆子拿回家，澆水讓豆子發芽，幾天後就可改賣豆芽；豆芽賣不完，就讓它長大些，變成豆苗；豆苗賣不完，就讓它再長大些，移植到花盆裡，當作盆景來賣；盆景賣不完，就再把它移植到泥土中，讓它生長，幾個月後，它就會結出許多新豆子。從一顆豆子變成上百顆豆子，想想這是多划算的事！

Life Wisdom

一顆豆子在遭遇冷落的時候，都有無數種精彩選擇，何況一個人呢，至少應該比一顆豆子更堅強吧！

細節影響成敗

把沿途的標誌畫下來

一九八四年，在東京國際馬拉松邀請賽中，名不見經傳的日本選手山田本一出人意外地奪得了世界冠軍。當記者問他憑什麼取得如此驚人的成績時，他說了這麼一句話：「憑智慧戰勝對手。」

當時許多人都認為這個偶然跑到前面的矮個子選手是在故弄玄虛。馬拉松比賽是一項體力和耐力較量的運動，只要身體素質好又有耐性就有望奪冠，爆發力和速度都還在其次，說「用智慧取勝」確實有點勉強。

兩年後，義大利國際馬拉松邀請賽在義大利北部城市米蘭舉行，山田本一代表日本參加比賽。這一次，他又獲得了世界冠軍。記者又請他談經驗。

山田本一生性木訥，不善言談，他回答的仍是上次那句話：「憑智慧戰勝對手。」這回記者在報紙上沒再挖苦他，但對他所謂的智慧迷惑不解。

十年後，這個謎終於被解開了，山田本一在自傳中這樣寫道：

每次比賽之前，我都要乘車把比賽的線路仔細看一遍，並把沿途比較醒目的標誌畫下來，比如第一個標誌是銀行；第二個標誌是一棵大樹；第三個標誌是一座紅房子……這樣一直畫到賽程的終點。

比賽開始後，我就以百米的速度奮力地衝向第一個目標，等到達第一個目標後，我又以同樣的速度衝向第二個目標。四十多公里的賽程就這樣被我分解成幾個小目標後輕鬆地跑完了。

起初，我並沒有找到這個方法，當我把目標定在四十多公里外終點線的那面旗幟上時，我跑到十幾公里時就疲憊不堪了，我已經被前面那段遙遠的路程給嚇倒了。

Life Wisdom

有時我們失敗不是因為放棄，而是因為倦怠。在成功的旅途中，如果將自己的大目標變成小目標去分段完成，成功彼岸就會輕鬆抵達。

不帶一點怒氣作戰

歐瑪爾是英國歷史上唯一留名至今的劍手。他與一個和自己勢均力敵的敵手鬥了三十年，仍不分勝負。

在一次決鬥中，敵手從馬上摔下來，歐瑪爾持劍跳到他身上，一秒鐘內就可以殺死他。但敵手這時做了一件事——向他臉上吐了一口唾沫。歐瑪爾停住了，對敵手說：「咱們明天再打。」敵手糊塗了。

歐瑪爾說：「三十年來我一直在修練自己，讓自己不帶一點怒氣作戰，所以我才能常勝不敗。剛才你吐我口水的瞬間，我動了怒氣，這時殺死你，我就再也找不到勝利的感覺了。所以，我們只能明天重新開始。」

這場爭鬥永遠也不會開始了，因為那個敵手從此變成了他的學生，他也想學會不帶一點怒氣去作戰。

Life Wisdom

情緒不能自控一旦成了習慣，就會使人精神錯亂，還談什麼取勝之道。一流的劍術通常是心態的修練。因為，心態的修練要難於劍術的修練。

成功從脫鞋開始

四十年前，前蘇聯宇航員加加林乘坐「東方」號太空船進入太空遨遊了一〇八分鐘，成為世界上第一位進入太空的宇航員。加加林能在二十多名宇航員中脫穎而出，起決定作用的是一個偶然事件。

原來，在確定人選前一個星期，主設計師羅廖夫發現：在進入飛船前，只有加加林一人脫下鞋子，只穿襪子進入座艙。就是因為這個細節，加加林一下子贏得了主設計師的好感。羅廖夫感到這個二十七歲的青年如此懂得規矩，又如此珍愛自己為之傾注心血的飛船，於是他決定讓加加林執行這次飛行。

Life Wisdom

成功從脫鞋開始。脫鞋雖然是小事，但小事卻能折射出一個人的品質和敬業精神。這正是培養好習慣的關鍵。

最要緊的是膽大心細

有位醫學院的教授，在上課的第一天對他的學生說：「當醫生，最要緊的就是膽大心細！」說完，他便將一隻手指伸進桌上的一杯尿液裡，再把手指放進自己的嘴中，接著又將那杯尿液遞給學生。

看著每個學生都忍著嘔吐，照樣把探入尿杯的手指塞進嘴裡，教授笑嘻嘻地說：「不錯，你們每個人都夠膽大，只可惜不夠心細，沒有注意我探入尿杯的是食指，放進嘴裡的卻是中指啊！」

Life Wisdom

一個細節的疏忽可能導致你在競爭中失敗。要想完成天下大事，必須注意細枝末節。細節見證品質，細節決定成敗。

從財產中先選擇一項

有個富翁得了重病，已經無藥可救，而他的獨生子此刻卻遠在異鄉。他知道自己死期將近，又害怕貪婪的僕人侵占財產，便立下一份令人不解的遺囑：「我的兒子僅可從財產中先選擇一項，其餘的皆送給我的僕人。」富翁死後，僕人便歡歡喜喜地拿著遺囑去尋找主人的兒子。

富翁的兒子看完了遺囑，想了想，就對僕人說：「我決定選擇一樣，就是你。」聰明的兒子立刻得到了父親所有的財產。

Life Wisdom

射人先射馬，擒賊先擒王。把握住成功的關鍵，就會收到事半功倍的效果。在做任何事情之前，先想一想事情的原委，你就可以清醒的行動了。

完美藏於細節

有一次，友人拜訪米開朗基羅，看見他正為一個雕像做最後的修飾。然而過了一段日子，友人再度拜訪，仍看見他在修飾那尊雕像。

友人責備他說：「我看你的工作一點進展都沒有，你動作太慢了。」

米開朗基羅說：「我花許多時間在整修雕像，例如，讓眼睛更有神，膚色更美麗，某部分肌肉更有力等等。」

友人說：「這些都只是一些小細節啊！」

米開朗基羅說：「不錯！這些都是小細節，不過把所有的小細節都處理妥當，雕像就變得完美了！」

Life Wisdom

人們追求完美，因為完美的人、事、物少之又少，於是就去創造完美，而完美在哪裡呢？它藏於細節。愈是追求完美的人愈是在意細節。細節，不容忽視！

且慢下手

公司調來了一位新主管，據說是個能人，專門被派來整頓業務，大多數的同仁都很興奮。

可是日子一天天過去了，新主管卻毫無作為，每天只是彬彬有禮地進入辦公室，然後就躲在裡面難得出門，使得那些本來緊張得要死的壞份子愈來愈猖獗。

「他哪裡是個能人嘛！根本是個老好人，比以前的主管更容易唬！」

四個月過去了，就在真正努力工作的人對新主管感到失望時，新主管卻發威了——壞份子一律開革，真正努力工作的人則獲得晉升。下手之快，斷事之準，與四個月來表現保守的他，簡直像是換了個人。

年終聚餐時，新主管在酒過三巡之後致詞：

「相信大家對我新到任期間的表現，和後來的大刀闊斧，一定感到不解，現在聽我說個故事，各位就明白了：

我有位朋友，買了棟帶著大院的房子，他一搬進去，就將那院子全面整頓，雜草樹木一律清除，改種自己新買的花卉。某日原先的屋主來訪，進門大吃一驚的問：『那最名貴的牡丹跑到哪裡去了？』我這位朋友才發現，他竟然把牡丹當草給鏟了。

後來他又買了一棟房子，雖然院子更雜亂，但他卻按兵不動，果然冬天以為是雜樹的植物，春天裡開了繁花；春天以為是野草的植物，夏天裡成了錦簇；半年都沒有動靜的小樹，秋天居然紅了葉。直到暮秋，他才真正認清哪些是無用的植物而大力剷除，並使所有珍貴的草木得以保存。」

說到這兒，主管舉起杯來：「讓我敬在座的每一位，因為這間辦公室如果是個花園，你們就都是其間的珍木，珍木不可能一年到頭開花結果，只有經過長期的觀察才認得出啊！」

Life Wisdom

且慢下手。珍木不可能一年到頭開花結果，只有經過長期的觀察才認得出；人的心靈也不可能在一兩天就呈現出來，要用時間去驗證你的猜度，而不是用你的感情。

贏的方法

為下一個而努力

世界球王貝利在二十多年的足球生涯裡，參加過一三六四場比賽，共踢進一二八二個球，並創造了一個隊員在一場比賽中射進八個球的紀錄。他超凡的技藝不僅令萬千觀眾心醉，也常使球場上的對手拍手稱絕。他不僅球藝高超，而且談吐不凡。

當他個人進球紀錄滿一千個時，有人問他：「您哪個球踢得最好？」

貝利笑了，意味深長地說：「下一個。」

他的回答含蓄幽默，耐人尋味，就像他的球藝一樣精彩。

Life Wisdom

在邁向成功的道路上，每當實現了一個近期目標，都應把原來的成功當成是新的成功的起點，擁有一種歸零的心態，這樣才永遠有新的目標，才能攀登新的高峰，才能獲得成功者無窮無盡的樂趣。

年紀與成功無關

春秋時代，晉國的國君平公有一天對一個名叫師曠的著名樂師說：「我已經是七十歲的人了，想再學習恐怕太晚了吧？」

師曠是個聰明人，他故意問：「晚了，那怎麼不趕快把蠟燭點起來呢？」

晉平公認為師曠很不禮貌，生氣地說：「我跟你講正經事，你怎麼能開玩笑呢？」

師曠就認真地對他說：「我聽人家說過，少年時期就刻苦好學的人，好像早晨的太陽，前途無量；壯年時期開始刻苦學習的人，好像烈日當空，雖然只有半天，可是銳氣正盛；老年時期才開始刻苦學習的人，好像蠟燭的光，雖然遠遠比不上太陽，但是比在黑暗中瞎碰亂撞，可要好上多少倍！」

晉平公聽了，連連點頭稱是。

Life Wisdom

有志不在年高，活到老，學到老。只要有目標、有恆心、有信心、有決心，年紀與成功是無關的。

努力應該趁早

有一個國家打勝仗後，大擺筵席慶功行賞。

國王對王子說：「孩子，我們勝利了，可惜你沒有立功。」

王子遺憾地說：「父王，你沒有讓我到前線去，叫我如何立功呢？」

有一位大臣連忙安慰說：「王子，你才十八歲，以後立功的機會還多著呢。」

王子對國王說：「請問父王，我還能再有一次十八歲嗎？」

國王很高興地說：「很好，孩子，就以這句話，你已經立了大功了。」

Life Wisdom

光陰一去不復返，努力應該趁早。既然要與眾不同，就要趕緊努力，不要老是說「太忙了」、「太累了」這些看似合理但沒有任何意義的藉口。

因為用心，所以加薪

有兩個好朋友同時受僱於一家超市。開始時大家都一樣，從基層做起。可不久後其中的一個受到總經理的青睞，一再被提升，從領班一直到部門經理。另一個則像被遺忘了一般，還在基層「混」。

終於有一天這個被遺忘的人忍無可忍，向總經理提出辭呈，並痛斥總經理狗眼看人——辛勤工作的人不提拔，倒提拔那些吹牛拍馬的人。

總經理耐心地聽著，他瞭解這個小夥子工作肯吃苦，但似乎缺了點什麼。缺什麼呢？三言兩語說不清楚，說清楚了他也不服，看來……他忽然有了個主意。

「小夥子，你馬上到集市上去看看今天有賣什麼。」總經理說。

這個人很快從集市上回來說：「剛才集市上只有一個農夫拉了車在賣馬鈴薯。」

「一車大約有多少袋？」總經理問。

他又跑去，回來後說有四十袋。

「價格是多少？」他再次跑到集市上。

總經理望著跑回來後已氣喘吁吁的他說：「請休息一會兒吧，看看你的朋友是怎麼做的。」

說完，總經理叫來他的朋友，並對他說：「你馬上到集市上去看看今天有賣什麼。」

他的朋友很快從集市上回來了，匯報說到現在為止只有一個農夫在賣馬鈴薯，有四十袋，品質很好，價格適中。他帶回幾個馬鈴薯讓總經理看，還提了一些建議：「這個農夫待會兒還要帶幾箱番茄上市，價格還算公道，超市可以購進一些。」也許想到這種價格的番茄總經理大概會購進，所以他不僅帶回來幾個番茄作樣品，而且還把那個農夫也帶來了，農夫正在外面等回覆呢。

總經理看了一眼在一旁紅了臉的小夥子，說：「這就是你朋友得到晉升的原因。」

Life Wisdom

因為用心，所以加薪。像這樣認真工作的小夥子，哪個公司不願意僱用呢？所以，想要加薪，那就比別的工作夥伴多用點心思吧！

你準備朝哪個方向走

白龍馬隨唐僧西天取經歸來，一鳴天下，被譽為「天下第一名馬」，眾馬羨慕不已。於是很多想要成功的馬，都跑來找白龍馬，問牠為什麼自己這樣努力卻一無所獲？

白龍馬說：「其實我去取經時大家也沒閒著，甚至比我還忙還累。我走一步，你們也走一步，只不過我目標明確，十萬八千里我走了個來回，而你們卻在磨坊原地踏步而已。」

眾馬愕然。

Life Wisdom

成功不在於你身在何處，而在於你朝著哪個方向走，並且能夠堅持下去。沒有明確的目標，永遠不會到達成功的彼岸。

用不著跑在別人後面

理查・派迪是運動史上贏得獎金最多的賽車選手。有一個情景對他的成功影響很大，那就是第一次賽完車，他回來向母親報告賽車結果：

「媽！」他衝進家門口叫道：「有三十五輛車參加比賽，我跑第二。」

「你輸了！」他母親回答道。

「但，媽！」他抗議道：「您不認為我第一次就跑個第二是很好的事嗎？特別是這麼多輛車參加比賽。」

「理查！」她嚴厲道：「你用不著跑在任何人後面！」

接下來二十年中，理查．派迪稱霸賽車界。他的許多項紀錄到今天還保持著，沒被打破。他從未忘記他母親的話：「理查，你用不著跑在任何人後面！」

Life Wisdom

用不著跑在任何人後面。也只有你從內心決定要做第一名，你才會全力以赴，取得一流的成績。

按自己的曲子跳舞

有個人一直想追求快樂、幸福、充實和滿足，為此，他總是緊隨潮流，當別人有手機的時候，他立刻就買，當別人有轎車的時候，他也不甘落後，馬上開了屬於自己的小轎車……但他仍然快樂不起來，也感覺不到絲毫的幸福和滿足。鬱鬱寡歡的他為了擺脫這種情緒，決定出門旅行。

有一天，他來到一個很偏僻的少數民族村落，這裡相對封閉，沒有多少現代化的東西。可是，他發現村民們卻活得非常快樂。一到晚上，人們吃完晚飯，就在一片空地上點起篝火，樂師們彈起他們心愛的樂器，男女老少一起載歌載舞，直到盡興才歸。

從他們的神態中，看不到一絲一毫的憂愁，你所能感受到的除了快樂，還是快樂。他們有什麼值得快活的資本呢？他百思不得其解。

一天晚上，在村民們跳舞的空檔，他與一位年長的樂師攀談，他問老樂師：「為什麼你們總是那麼快樂？」老樂師聽了他的話並沒有馬上回答，而是彈起一首古老的曲子。

老樂師對他說：「年輕人，你來跳舞吧，但是你一定要記住，不論我彈什麼曲子，你都不要受我的影響，而是要學會按照你自己心中的那支曲子跳舞。我相信你會找到答案的。」

就這樣，他真的跳了起來，雖然他跳得很累，而且沒有受樂曲的一點影響，但是不知怎麼回事，一場舞跳下來，他卻很輕鬆、很愜意，那是一種他從來也沒有感受過的快樂。

就在他靜下來的那一剎那，心中突然一亮：老樂師真是高人，原來他是在告訴自己，一個人如果想要獲得真正的快樂，那就必須按自己的曲子跳舞。

Life Wisdom

別人所要的，並不一定是自己所要的，而自己所要的，哪怕是別人一時不能理解的，只要能給自己帶來真正的快樂，就要堅持。按自己的曲子跳舞，鍥而不捨地向自己的目標挺進。

方法正確就能成功

一個暴風雨的日子，有一個窮人到富人家討飯。

「滾開！」僕人說：「不要來打擾我們。」

窮人說：「只要讓我進去，在你們的火爐上烤乾衣服就行了。」

僕人以為這不需要花費什麼，就讓他進去了。進去後，這個窮人請求廚娘給他一個小鍋，以便他「煮石頭湯喝」。

「石頭湯？」廚娘說：「我想看看你怎麼用石頭做成湯。」於是她就答應了。

窮人於是到路上揀了塊石頭洗淨後放在鍋裡煮。

「可是，你總得放點鹽吧。」廚娘說，她給他一些鹽，後來又給了他豌豆、薄荷、香菜。最後，又把能收拾到的碎肉末都放在湯裡。

後來，這個窮人就把石頭撈出來扔掉，美好地喝了一鍋肉湯。

Life Wisdom

如果這個窮人對僕人說：「行行好吧！請給我一鍋肉湯。」會有什麼結果呢？運用自己獨特的方法，你就能成功。

走一步路不需要勇氣

曾有一位六十三歲的老人經過長途跋涉，克服了重重困難，從紐約市步行到佛羅里達州的邁阿密市。在邁阿密市，有位記者採訪了她。記者想知道，這路途中的艱難是否曾嚇倒過她，她是如何鼓起勇氣徒步旅行的。

老人答道：「走一步路是不需要勇氣的，我所做的就是這樣。我先走了一步，接著再走一步，然後再一步，我就到了這裡。」

Life Wisdom

為了要達成大目標，不妨先設定「小目標」，這樣就會比較容易達到目的。許多人都會因目標過於遠大而中途放棄，這是很可惜的。若設定「小目標」逐步完成，便可較快地獲得令人滿意的成績。

撿不撿有很大區別

有個人到海灘上散步，他看見許多海星被早潮沖上海灘，當潮水退去時，牠們被留在海灘上。如果被正午毒辣的陽光照射到的話，牠們很快就會死去。因為剛剛退潮，所以絕大部分的海星都還活著。那人向前走了幾步，撿起一條海星，把牠丟進了海裡。

他就這樣不停地撿啊撿，又一條條地扔回海裡。有人走在他的後面，不理解這個人這麼做的原由，就追上問：「你在幹什麼？海灘上有成千上萬條海星，你能夠救幾條？救不救幾個海星又有什麼區別？」

這個人並沒有直接回答他的問題，而是又向前走了幾步，撿起一條海星，把牠丟進海裡，然後轉過頭來說：「對這條海星來說，撿不撿有很大的區別。」

Life Wisdom

任何偉大的事業都是由諸如「撿一條海星」這樣的小事組成的。積小善終成大德，積小成終成大功。每天做一點點，每天進步一點點，終將會有巨大的收穫。

你做了多久並不重要

凱撒領軍出征，每每獲勝必以酒肉金銀犒賞三軍。隨行的親兵仗著酒膽，問凱撒：「這些年來，我跟著您征戰沙場，出生入死，歷經戰役無數，同期入伍的兄弟，做官的做官，做將的做將，為什麼直到現在我還是小兵一個呢？」

凱撒指著身邊的一頭驢，說：「這些年來，這頭驢也跟著我征戰沙場，出生入死，歷經戰役無數。為什麼直到現在牠還是一頭驢呢？」

Life Wisdom

許多人都會問同樣的問題，為什麼近幾年忙來忙去總感覺自己還在原地踏步？為什麼那些原來並不出色的傢伙卻能春風得意？還要多久我才能揚眉吐氣？凱撒在兩千多年前就給出了答案——你做了多久並不重要，重要的是你有沒有在進步！

行勝於知

詩人白居易為了求得更高深的學問，到處向人請教，但仍不能滿足他強烈的求知欲。有一天，他聽說有一位得道的禪師，學問非常高深，於是不惜千里跋涉去求見。好不容易見到了禪師，他便虛心地問：「師父，請告訴我如何才能得道？」

禪師回答：「諸惡莫作，眾善奉行。」

白居易不解地說：「這連三歲小孩也知道呀，怎能說是道呢？」

禪師回答：「三歲小孩也知道，但八十老翁也難奉行啊！」

Life Wisdom

有誰不要成功，又有誰不知道成功必須學習和努力？但是真正成功的人又有幾個？行勝於知。不要問成功有沒有自己的份，只要按照成功的原則踏實地做，你必定也是一個成功者。

第三章

做最棒的自己

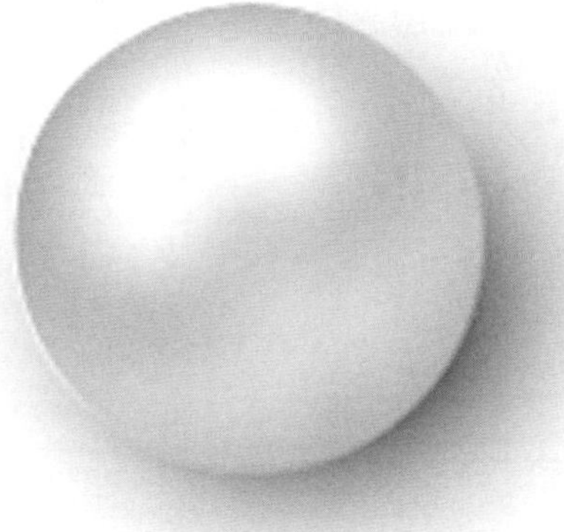

創造超越的人生

只要每秒擺一下

一個新組裝好的小鐘放在兩個舊鐘當中。兩個舊鐘「滴答」、「滴答」一分一秒地走著。其中一個舊鐘對小鐘說：「來吧，你也該工作了。可是我有點擔心，你走完三千二百萬次後，恐怕便吃不消了。」

「天啊！三千二百萬次。」小鐘吃驚不已：「要我做這麼大的事？辦不到，辦不到。」

另一個舊鐘說：「別聽它胡說八道。不用害怕，你只要每秒鐘滴答擺一下就行了。」

「天下哪有這麼簡單的事。」小鐘將信將疑：「如果這樣，我就試試吧。」

小鐘很輕鬆地每秒鐘「滴答」擺一下，不知不覺中，一年過去了，它擺了三千二百萬次。

Life Wisdom

只要每秒擺一下，成功的喜悅就會慢慢浸潤生命。每個人都渴望夢想成真，成功似乎遠在天邊，遙不可及。其實，當我們有了清晰的目標後，只要想著今天我要做些什麼，明天我該做些什麼，然後努力完成就行了。

絕不、絕不、絕不能放棄

一九四八年，牛津大學舉辦了一個題為「成功秘訣」的講座，邀請了當時的英國首相邱吉爾前來演講。

演講那天，會場上人山人海，全世界各大新聞媒體都到齊了。許久，邱吉爾才用手勢止住大家雷動的掌聲，說：「我的成功秘訣有三個：第一是，絕不放棄；第二是，絕不、絕不放棄；第三是，絕不、絕不、絕不能放棄！我的演講到此結束。」

說完，邱吉爾就走下了講台。會場上沉寂了一分鐘後，突然爆發出熱烈的掌聲，那掌聲經久不息。

Life Wisdom

在這個世界上，真正的失敗只有一個，那就是徹底放棄，從此不再努力。有道是：成功者永不放棄，放棄者永不成功。

假如一天不練琴

波蘭著名鋼琴家帕德列夫斯基有一次接受雜誌訪問，談及他的成功之道。

他說：「我認為不斷練習，才能夠精益求精，熟能生巧。」

記者問：「以你大師級的水準，未必要每天練習吧？」

鋼琴家說：「假如我一天不練琴，我就會發覺差別所在；假如我兩天不練琴，樂評人便會發覺差別所在；假如我三天不練琴，連聽眾都會發覺差別所在，到那時才急忙補救就太遲了，因此我堅持每天都練習。」

Life Wisdom

天才等於百分之一的靈感加上百分之九十九的汗水。造就天才的秘訣就在於：努力，努力，再努力！

誰破壞了你寧靜的生活

一匹狼吃飽了，安逸地躺在草地上睡覺，另一匹狼氣喘吁吁地從牠身邊經過，使牠十分驚奇，問道：「你為什麼沒命地奔跑呢？」

那匹狼說：「聽說獅子來了。」

「獅子是我們的朋友，有什麼可怕的呢？」躺著的狼說。

「聽說獅子跑得很快！」

「跑得快又有什麼了不起呢，追一隻羚羊用不了多大力氣！」

那匹狼還要說什麼，躺著的狼便不耐煩地擺了擺手說：「行了行了，你跑你的，我要睡覺了。」那匹狼見狀，便搖了搖頭跑走了。

後來，獅子真的來了，只來了一隻，但是由於獅子的到來，整個草原上的羚羊奔跑速度變得極快。這匹狼不再那麼容易得到食物，不久便餓死了。死時他還不住地怨恨，說是獅子破壞了牠寧靜的生活。

Life Wisdom

在物競天擇的動物世界裡，安逸意味死亡；在苦難無處不在的人類社會中，挫折造就英雄。唯有不斷銳意進取，才是真正的成功之道。

忙碌並不就是成就

有人把許多毛毛蟲放在一個大花盆的邊上，使牠們首尾相接，排成一個圓形。這些毛毛蟲開始動了，像一列長長的遊行隊伍，沒有頭，也沒有尾。

研究者又在毛毛蟲隊伍旁邊擺了一些食物。這些毛毛蟲想要得到食物，就得解散隊伍，不再一條接一條地前進。

研究者預料，毛毛蟲很快就會厭倦這種毫無用處的爬行，轉而投向食物。可是毛毛蟲並沒有這麼做，牠們仍然沿著花盆邊以同樣的速度走了七天七夜，一直走到餓死為止。

Life Wisdom

這些毛毛蟲遵守著牠們的本能、習慣、傳統、先例、經驗、慣例。牠們的付出很多，但毫無成果。在這個世界上，「一分耕耘，一分收穫」的神話往往並不成立，重要的是如何才能事半功倍。

畫一道更長的線

一位搏擊高手參加比賽，自負地認為一定可以奪冠軍。

當比賽打到了中途，搏擊高手才警覺到，自己竟然找不到對手的破綻，而對方的攻擊卻能突破自己的漏洞。

比賽結果可想而知，搏擊高手失去了冠軍獎盃。

他憤憤不平地回去找師父，央求師父幫他找出對方的破綻，好在下次比賽時打倒對方。師父卻笑而不語，只是在地上畫了一條線，要他在不擦掉這條線的情況下，設法讓線變短。他百思不得其解，最後還是請教了師父。

師父笑著在原先那條線的旁邊，又畫了一道更長的線。兩相比較之下，原來那條線看起來立刻短了很多。

這時師父說道：「奪得冠軍的重點，不在如何攻擊對方的弱點，正如地上的線一樣。只要你自己變得更強，對方也就在無形中變弱了。如何使自己更強，才是你需要苦練的。」

Life Wisdom

使對手變弱的唯一方法就是使自己變得更強。失敗往往都是自己造成的，只有不斷追求自我成長，不斷進步，才會超越對手，取得成功。

別成為自己的奴才

一天早上，一位將軍受命在天黑之前拿下一個高地。

他率領部隊向高地進攻。無數次的衝鋒，都被敵人一次又一次地擊退。最後一次衝鋒，所有的戰友全都犧牲了，他自己也在戰壕前幾公尺處，被一枚地雷炸斷了一條腿……而對方的軍旗仍在山頂上飄揚，於是他絕望地朝自己開了槍。

過了半小時，增援部隊來了。他們衝上山頂時，發現對方的官兵已全部戰死，只剩下一個奄奄一息的伙夫，正絕望地抱著自己的軍旗，等著將軍爬上來，將他像螞蟻一樣踩死——但將軍殺死的是自己！

Life Wisdom

選擇一種戰勝自己的姿態，是每一個渴望成功的年輕人必須完成的功課。你的對手不是別人。你可以成為別人手下的敗將，但你絕不能成為自己的奴才。

你是一粒沙

有個自以為是的年輕人，畢業後一直找不到理想的工作。他覺得自己懷才不遇，對社會感到非常失望。痛苦絕望之下，他來到大海邊，打算就此結束自己的生命。這時，正好有一個老人從這裡走過。老人問他為什麼要走絕路，他說自己不能得到別人和社會的承認，沒有人欣賞並且重用他。

老人從腳下的沙灘上撿起一粒沙子，讓年輕人看了看，然後就隨便扔在地上，對年輕人說：「請你把我剛才扔在地上的那粒沙子撿起來。」

「這根本不可能！」年輕人說。

老人沒有說話，接著又從自己的口袋裡掏出一顆晶瑩剔透的珍珠，也隨便地扔在地上，然後對年輕人說：「你能不能把這顆珍珠撿起來呢？」

「這當然可以！」

Life Wisdom

有時候，你必須知道自己是一顆普通的沙粒，而不是價值連城的珍珠。若要使自己卓然出眾，就必須先使自己成為一顆珍珠。

承認自己是個笨蛋

一天，林肯和他的大兒子羅伯特乘馬車上街，街口被路過的軍隊堵塞了，林肯開門踏出一隻腳來，問一位老鄉：「這是什麼？」意思是哪個部隊，老鄉以為他不認識軍隊，便答道：「聯邦的軍隊唄，你真是他媽的大笨蛋。」林肯說了聲「謝謝」，關閉車門，嚴肅地對兒子說：「有人在你面前說老實話，這是一種幸福。我的確是一個他媽的大笨蛋。」

有一次，一個小夥子坐在陸軍部的大樓前，林肯見了問他在做什麼，小夥子回答：「我在前方打仗受傷，來領軍餉，他們不理我，那狗婊子養的林肯現在也不來管我了。」

林肯聽了，安祥地問他：「你有證件嗎？我是個律師，看你的證件是否有效。」小夥子遞過證件，林肯看完說：「你到三〇八室找安東尼先生，他會幫你辦理一切。」小夥子進了陸軍部大樓，看門人問他：「你知不知道剛才在和誰講話？」

「跟一個自稱律師的臭老頭。」

「什麼臭老頭，他是總統啊！」

Life Wisdom

偉大的人物絕不會濫用他們的優點，他們意識到自己的過人之處，卻絕不會因此就不謙虛。他們的過人之處愈多，他們就愈認識到自己的不足。

利用你的缺點

一天，一個農夫正彎著腰在院子裡清除雜草，因為天氣炎熱，他汗流浹背。「可惡的雜草，假如沒有你們，我的院子一定很漂亮，神為什麼要造這些討厭的雜草來破壞我的院子呢？」農夫嘀咕道。

有一株剛被拔起的小草，正躺在院子裡，它回答農夫說：「你說我們可惡，也許你從沒想到我們也是很有用的，現在請你聽我說一句吧。我們把根伸進土中，等於在耕耘泥土，當你把我們拔掉時，泥土就已經是翻過了。

「此外，下雨時，我們防止泥土被雨水沖掉；乾旱時，我們能阻止狂風颳起沙塵；我們是替你守衛院子的衛兵。如果沒有我們，你根本就不可能享受種花、賞花的樂趣，因為雨水會沖走你的泥土，狂風會吹散你的泥土……所以希望你在看到花兒盛開之時，能夠想起我們的一些好處。」

農夫聽了這些話後，不禁肅然起敬，他擦了擦額頭上的汗珠微笑了，繼續拔起草來。

Life Wisdom

猶如天使與魔鬼共生，優點總是與缺點形影相隨。勇敢地接受與面對自己的缺點，然後積極地克服、改造，甚至利用它。怨天尤人，自暴自棄，只會產生更多的煩惱。

相信，就是力量

觀世音菩薩也唸佛

有一天佛印禪師與蘇東坡在郊外散步。走著走著，他們來到了一座小廟。

蘇東坡走進廟裡，廟裡供著觀世音菩薩，菩薩手中握著一串念珠，好像正聚精會神地唸著佛號。蘇東坡心生疑問，對佛印禪師說：「我們常常在拜觀世音菩薩，口中不停地唸著觀世音菩薩。可是觀世音菩薩好像也在唸佛啊！祂到底在唸著誰的名號呢？」

佛印禪師笑著說：「祂也唸自己的名號啊！」

蘇東坡不以為然地說：「自己唸自己的名號，又有什麼用呢？」

佛印禪師道：「求人不如求己啊！」

Life Wisdom

求人不如求己。把希望寄託於別人，收到的只能是失望。只有相信自己的力量，才會創造出自己想要的成功。

肯定你自己

老王與老李同時走進辦公室，都看了看壁上的鐘，再看看自己的手錶。結果卻發出不同的反應：

老王：「我的錶慢了。」

老李：「壁鐘快了。」

他們兩人似乎在自言自語，好像與對方毫無關聯。但是片刻之後，老王突然對老李發問：「你怎麼說壁鐘快？」

老李說：「你怎說你的錶慢了？」

老王說：「我覺得我的錶不準，壁鐘似乎準確些。所以我想可能是我的錶慢了。」

老李說：「我肯定我的錶走得很準，因為我的錶不會慢，所以我也肯定是壁鐘快了。」

Life Wisdom

對一件事情，有沒有自信心，直接影響到對它的看法。通常情況下，你對事情的看法和態度，是做這件事情成敗的關鍵之所在。

信任我，沒錯

年輕人帕雷托無論到哪裡都能受到別人的重用，他換了好幾個工作，每一個幾乎都做到了頂層，在行業裡出類拔萃。每次，他要辭職的時候，老闆總會極力挽留他。

「你怎麼這麼出色呢？」有朋友問他。

帕雷托回答：「很多人成功靠的是勤奮，有的人靠的是運氣，還有人靠的是聰明，我認為我靠的是獲得別人的信任。因為別人信任我，才會給我具有發展空間的職位和業務！」

「可是，如果一個人覺得你不可信，你又能怎麼辦呢？反正我覺得是沒有任何辦法了。」朋友無奈地聳聳肩膀，攤開雙手。

「不，你自己可以告訴他，『你可以信任我』或者『我是可以信任的』，別人對你的看法可以由你自己決定！」

Life Wisdom

只有別人建立了對你的信任感，他才會樂於和你接近，才不會時時、處處、事事都防備你。要獲得別人的信任並不都是由別人決定的。你可以用事實告訴他：「你可以信任我！我是可以信任的！」

擁有一股愚頓的力量

大科學家愛因斯坦曾做過一個實驗：

他從村子裡找了兩個人，一個愚頓且軟弱，一個聰明且強壯。愛因斯坦找了一塊兩英畝左右的空地，給他倆同樣的工具，讓他們在其間比賽挖井，看誰最先挖到水。

愚頓的人接到工具後，二話不說便脫掉上衣幹了起來。聰明的人稍作選擇也大幹起來。兩個小時過去了，兩人都挖了兩公尺深，但都未見到水。聰明的人斷定選擇錯了，覺得在原處繼續挖下去是愚蠢的，便另選了塊地方重挖。愚頓的人仍在原地吃力地挖著。

兩個小時又過去了，愚頓的人只挖了一公尺，而聰明的人又挖了兩公尺深。愚頓的人仍在原地吃力地挖著，而聰明的人又開始懷疑自己的選擇，於是又選了一塊地方重挖。

兩個小時又過去了，愚頓的人挖了半公尺，而聰明的人又挖了兩公尺，但兩人均未見到水。這時，聰明的人洩氣了，斷定此地無水，他放棄了挖掘，離去了。而愚頓的人體力不支了，但他還是在原地挖，就在他剛把一撮土掘出時，奇蹟出現了，只見一股清水汩汩而出。

比賽結果，這個愚頓的人獲勝。

Life Wisdom

智商稍高、條件優越、聰明強壯者不一定會取得成功，成功有時需要一種近乎愚頓的力量。

讓鮮花結出纍纍碩果

有個風華正茂的青年，時常輕視飽經風霜的老人。

一天，父子倆同遊公園。青年順手摘了一朵鮮花，說道：「爸爸，我們年輕人就像這朵鮮花一樣，洋溢著生命的活力。你們老年人怎麼能跟年輕人相比呢？」

父親聽罷，在經過路邊攤的時候，順便買了一包核桃，取出一顆，托在掌心裡，說道：「孩子，你比喻得不錯。如果你是鮮花，我就是這乾皺的果實。不過，事實告訴人們：鮮花，喜歡讓生命顯露在炫目的花瓣上；而果實，卻愛把生命凝結在深藏的種子裡！」

青年還不服氣：「要是沒有鮮花，哪來的果實呢？」

父親哈哈大笑：「是啊，所有的果實都曾經是鮮花；然而，卻不是所有的鮮花都能夠成為果實！」

Life Wisdom

所有的果實都曾經是鮮花；然而，卻不是所有的鮮花都能夠成為果實。我們所要做的就是——讓鮮花結出纍纍碩果！

堅守你的高貴

三百多年前，建築設計師克里斯托．萊伊恩受命設計了英國溫澤（Windsor）市政府大廳，他運用工程力學的知識，依據自己多年的實踐，巧妙地設計了只用一根柱子支撐的大廳天花板。但一年之後，在進行工程驗收時，市政府的權威人士對此提出了質疑，並要求萊伊恩一定要再多加幾根柱子。

萊伊恩對自己的設計很有自信，因此他非常苦惱：「如果堅持自己的主張，他們肯定會另找人來修改設計；不堅持的話，又有違自己為人的準則。」矛盾了很長時間，萊伊恩終於想出了一條妙計，他在大廳裡增加了四根柱子，但它們並未與天花板連接，只不過是裝裝樣子，唬弄那些自以為是的傢伙。

三百多年過去了，這個秘密始終沒有被發現。直到有一年，市政府準備修繕天花板時，才發現萊伊恩當年的「弄虛作假」。

Life Wisdom

作為一個建築師，萊伊恩也許不是最出色的，但作為一個自然人，他無疑非常偉大。這種偉大表現在他始終恪守自己的原則，給高貴的心靈一個美麗的住所，哪怕是遭遇到最大的阻力，也要想辦法取得勝利。

等待三天

應邀訪美的女作家在紐約街頭遇見一位賣花的老太太。這位老太太穿著相當破舊，身體看上去很虛弱，但臉上滿是喜悅。女作家挑了一朵花說：「妳看起來很高興。」

「為什麼不呢？一切都這麼美好。」

「妳很能承擔煩惱。」女作家又說。

然而，老太太的回答卻令女作家大吃一驚。「耶穌在星期五被釘在十字架上的時候，那是全世界最糟糕的一天，可三天後就是復活節。所以，當我遇到不幸時，就會等待三天，一切就恢復正常了。」

Life Wisdom

人生並非盡是事事如意，總要伴隨幾多不幸，幾多煩惱。我們從來就不應該承認與生俱來的命運，遇到不幸時，等待三天，也許一切就會恢復正常了。

絕望的時候再等一下

一個老婆婆在屋子後面種了一大片玉米。

一支顆粒飽滿的玉米棒說：「收穫那天，老婆婆肯定先摘我，因為我是今年長得最好的玉米！」

可是收穫的那天，老婆婆並沒有把它摘走。

「明天，明天她一定會把我摘走。」這支玉米棒自我安慰著。第二天，老婆婆又收走了其他玉米棒，唯獨沒有摘他。「明天，老婆婆一定會把我摘走！」這支玉米棒仍然自我安慰著……

可老婆婆依然沒有來。

一天又一天，這支玉米棒絕望了，原先飽滿的顆粒變得乾癟堅硬，整個身體像要炸裂一般，他準備和玉米桿一起爛在地裡了。可就在這時，老婆婆來了，一邊摘下他，一邊說：「這可是今年最好的玉米，用它作種子，明年肯定能種出更棒的玉米！」

Life Wisdom

也許你一直都很相信自己，但你是否有耐心，在絕望的時候，再等一下！

沒有退路時請相信自己

老教授和他的兩個學生準備進岩洞考察。岩洞在當地人的眼裡是一個「魔洞」，曾有大膽的人進去過，但都一去不復返。

隨身攜帶的計時器顯示著，他們在漆黑的岩洞裡走了十四個小時，這時一個有半個足球場大小的水晶岩洞呈現在他們的面前。他們興奮地奔了過去，盡情欣賞、撫摸著那迷人的水晶。

待激動的心情平靜下來之後，負責畫路標的學生忽然驚叫道：「我剛才忘記刻箭頭了！」他們再仔細看時，四周竟有上百個大小各異的洞口。那些洞口就像迷宮一樣，洞洞相連，他們繞了很久，始終沒能找到退路。

老教授在眾多洞口前默默地搜尋著，突然他驚喜地喊道：「這兒有一個標誌！」他們決定順著標誌的方向走。老教授走在前面，每一次都是他先發現標誌的。最後，他們的眼睛被強烈的陽光刺疼，這就意味著他們已經走出了「魔洞」。

這時，兩個學生竟像孩子似的掩面哭了起來，他們對老教授說：「如果沒有那位前人……」而老教授倒是緩緩地從衣兜裡掏出一塊被磨去半截的石灰石遞到他倆面前，意味深長地說：「在沒有退路可言的時候，我們唯有相信自己……」

Life Wisdom

人生又何嘗不是一次離奇神秘的探險。面對人生的許多「魔洞」，我們不能怨天尤人、自暴自棄，唯有在心頭點燃一根承載希望的火柴，義無反顧地走下去！

我還欠董事長一張名片

秘書把名片交給董事長，董事長不耐煩地把名片丟了出去。門外的業務員禮貌地說：「沒關係，我下次再來，請董事長留下我的名片。」秘書又硬著頭皮把名片遞進去。董事長氣極了，把名片撕成兩半丟到垃圾桶裡，並且拿了五塊錢，發瘋似的說：「五塊錢買他一張名片，叫他走！」

秘書把五塊錢交給業務員，業務員又拿出一張名片說：「我的名片兩塊五毛錢一張，五塊錢可以買兩張，所以我還欠董事長一張名片。麻煩交給他。」

沒多久，辦公室傳出一陣笑聲。接著，董事長滿面笑容地走了出來，熱情地把業務員迎了進去。

Life Wisdom

在追求成功的道路上，我們都在扮演著推銷員的角色。堅持不懈，戰勝拒絕，你才會有成功的希望。

把斧頭賣給總統

二〇〇一年五月二十日，美國一位名叫喬治．赫伯特的推銷員，成功地把一把斧頭推銷給了小布希總統。

一位記者採訪了他，他是這樣說的：「我在一開始就認為，把一把斧頭推銷給小布希總統是完全可能的。因為，他在德克薩斯州有一個農場，裡面種了許多樹。於是我寫了一封信給他，信的內容是這樣的：

有一次，我有幸參觀您的農場，發現裡面種了許多矢菊樹，有些已經死掉，木質已變得鬆軟。我想，您一定需要一把小斧頭，但從您現在的體質來看，這種小斧頭顯然太輕，因此您仍需要一把不甚鋒利的老斧頭。而我現在正好有一把這樣的斧頭，很適合砍伐枯樹。倘若您有興趣，請按這封信所留的信箱，給予回覆……」

最後，小布希總統就給這位推銷員匯去了十五美元。

Life Wisdom

一切皆有可能。有時候，不是因為有些事情難以做到，我們才失去信心；而是因為我們失去了信心，事情才顯得難以做到。

說話的藝術

把別人說得動心且歡喜

一名風濕病患者來到著名的溫泉，詢問經理：「這裡的泉水是否真的對身體有益？洗過溫泉浴會覺得好些嗎？」

經理說：「要我舉一個例子嗎？」

「去年夏天來了位老人，身體僵硬得只能坐輪椅。他在這裡住了一個月，沒付帳就自己騎自行車溜了。」

結果，患者信服的留了下來。

Life Wisdom

話不在多，在於恰到好處，言不一定及義，但要恰當。

體諒他人

妻子正在廚房炒菜。丈夫在她旁邊一直嘮叨不停：「慢些。小心！火太大了。趕快把魚翻過來。快鏟出來，油放太多了！把豆腐整平一點。哎唷，鍋子歪了！」

「請你住口！」妻子脫口而出：「我知道怎麼炒菜！」

「妳當然懂，太太，」丈夫平靜地答道：「我只是要讓妳知道，我在開車時，妳在旁邊喋喋不休，我的感覺如何！」

Life Wisdom

學會體諒他人並不難，只要你願意給別人一點機會——認真地站在對方的角度上看問題，多為別人考慮一點。

用三個篩子篩一下

有個人急急忙忙地跑到一位哲人那兒，說：「我有個消息要告訴你……」

「等一等，」哲人打斷了他的話，「你要告訴我的消息，用三個篩子篩過了嗎？」

「三個篩子？哪三個篩子？」那人不解地問。

「第一個篩子叫真實。你要告訴我的消息，確實是真的嗎？」

「不知道，我是從街上聽來的。」

「現在再用第二個篩子審查吧。」哲人接著說：「你要告訴我的消息就算不是真實的，也應該是善意的吧。」

那人躊躇地回答：「不，剛好相反。」

哲人再次打斷他的話：「那麼我們再用第三個篩子，請問，使你如此激動的消息很重要嗎？」

「並不怎麼重要。」那人不好意思地回答。

哲人說：「既然你要告訴我的事，既不真實，也非善意，更不重要，那麼就請你別說了吧！這樣的話，它就不會困擾你和我了。」

Life Wisdom

平時著急告訴別人事情之前，不妨也先用「真實、善意、重要」這三個篩子篩一下。生活中，很多話其實根本不必說，也不用說。當你管好了自己的嘴，你也能管好自己的生活。

你能保密嗎

羅斯福當海軍助理部長時，有一天一位好友來訪。談話間，朋友問及海軍在加勒比海某島建立基地的事。

「我只要你告訴我，」他的朋友說：「我所聽到的有關基地的傳聞是否確有其事。」

這位朋友要打聽的事在當時是不便公開的，但是好朋友相求，該如何拒絕才好呢？只見羅斯福壓低嗓子向朋友問道：「你能對不便外傳的事情保密嗎？」

「能。」好友急切地回答。

「那麼，」羅斯福微笑著說：「我也能。」

Life Wisdom

在任何時候，你都不能指望別人就某事守口如瓶。你可以對好朋友說，他也會同樣地對他的好朋友說，唯一的解決辦法就是「打死我也不說」。

不失信於人

一個商人臨死前告誡自己的兒子：「你如果想把生意成功做大，一定要記住兩點：守信和聰明。」

「什麼叫守信呢？」焦急的兒子問道。

「如果你跟別人簽約，簽字後你才發現你將因這份合約而傾家蕩產，那麼你也得照約履行。」

「那什麼叫聰明呢？」

「不要簽這份合約！」

Life Wisdom

謹慎對待你的諾言——既然許下諾言，無論刀山火海都不能反悔，你不能言而無信。不要輕易向人承諾——絕不輕易向人許諾你可能辦不到的事，這是不失信於人的最好方法。

寬容和讚賞的力量

一位參加美國公共關係卡內基訓練班的學員，把寬容的原理運用到自己的家庭，使得家庭關係十分融洽。

一天，妻子請他講出自己的六條缺點，以便成為更好的妻子。這位學員想了想說：「讓我想一想，明天早晨再告訴妳。」

第二天一大早，學員來到鮮花店，請花店送六朵玫瑰給妻子，並附上一張紙條：「我實在想不出妳需要改變的六個缺點，我就愛妳現在這個樣子。」

當這位學員晚上回到家時，妻子站在門口迎接他，她感動得幾乎要流淚。從此，他認識到寬容和讚賞的力量。

Life Wisdom

當你寬恕別人的時候，你就不會感到自己和別人站在敵對的位置。你寬恕別人，別人才有可能會原諒你，這是千古不變的道理。

給予他人讚美吧

有間理髮室，裡面有兩個師父負責設計髮型，一個小學徒專門洗頭。老實說，很多人都同情那個瘦小的學徒，看得出她很想學髮型設計，但由於工作繁雜，加上兩位師父態度冷淡，她只能默默地在肥皂泡沫中消磨她可憐的青春。

有一天，機會來了。新年前的一個月，兩個師父要求加薪不遂，一起辭職，一時請不到人，老闆除了親自上陣外，還給小學徒進行「速成訓練」，另外再請個小工負責洗頭。

來理髮的人把這一切看在眼裡，一日，踏入店內，特地指定小學徒來吹頭髮，小學徒受寵若驚，拿著吹風機的手在微微發抖。吹理一個小時後，來理髮的人朝鏡子一望，哎呀，那髮型硬邦邦的，好似戴了一頂不合時宜的帽子，但是瞥見小學徒侍立一旁，眼巴巴地望著他，於是來理髮的人露了個笑容，說：「梳得真不錯呀，謝謝妳！」

這個「善意的謊言」給這位少女帶來了自信心。再去時，來理髮的人依然指定由她吹理，小學徒臉上有笑，雙手不抖，吹理梳弄，極有韻致。照向鏡子時，來理髮的人不由得真心誠意地說道：「妳吹得實在很好哩！」

小學徒臉若鮮花，燦然生輝。

Life Wisdom

雖然只有一句話，可在被讚美者的心裡卻是一種很大的力量，他會重新鼓起自己生活的勇氣，他會因這句讚美之詞而變得更加自信、完美和堅強。給予他人讚美吧，雖然這是多麼的微不足道！

你要支付雙倍學費

有一個年輕人向大哲學家蘇格拉底請教演講術。為了表示自己有好口才，他滔滔不絕地講了許多話。

最後，蘇格拉底要他繳納雙倍的學費。

那年輕人驚詫地問道：「為什麼要我加倍呢？」

蘇格拉底說：「因為我得教你兩樣功課，一是怎樣閉嘴，另外才是怎樣演講。」

Life Wisdom

對這種似懂非懂，對演講技巧一竅不通而又自作聰明的人來說，教起來只會更費勁。成功的演講家，應該是有張有合的。該講的講，不該講的則不講；該點的則點，點到即止，恰到好處。

保護別人的積極性

有一位表演大師上場前，他的弟子告訴他鞋帶鬆了。大師點頭致謝，蹲下來仔細繫好。等到弟子轉身後，又蹲下來將鞋帶鬆開。

有個旁觀者看到了這一切，不解地問：「大師，您為什麼又要將鞋帶鬆開呢？」

大師回答道：「因為我飾演的是一位勞累的旅者，長途跋涉讓他的鞋帶鬆開，可以通過這個細節表現他的勞累憔悴。」

「那您為什麼不直接告訴您的弟子呢？」

「他能細心地發現我的鞋帶鬆了，並且熱心地告訴我，我一定要保護他這種關注細節的積極性，及時給他鼓勵，至於為什麼要將鞋帶解開，將來會有更多的機會教他表演，可以下一次再說啊。」

Life Wisdom

你可以不採納別人的建議，但你不能拒絕別人對你的真誠。也許別人的忠告是錯誤的，但為了鼓勵他的熱情，你還是要給予部分的肯定。

有理不在聲高

在一家餐館裡，一位顧客粗聲大氣地嚷著：「小姐！妳過來！妳過來！」他指著面前的杯子，滿臉怒氣地說：「看看！你們的牛奶是劣質的吧，妳看！都把這杯紅茶給糟蹋了！」

「真對不起！」服務小姐笑道：「我立刻給您換一杯。」

新紅茶很快端來了。茶杯跟前仍放著新鮮的檸檬和牛奶。小姐把紅茶輕輕放在顧客的面前，又輕聲地說：「我是不是能向您建議，如果在茶裡放檸檬，就不要加牛奶，因為有時候檸檬會造成牛奶結塊。」顧客的臉一下就紅了。他匆匆喝完茶，走了出去。

有人笑著問服務小姐：「明明是他沒理，妳為什麼不直說呢？他那麼粗魯地叫妳，妳為什麼不給他一點顏色瞧瞧？」

服務小姐說：「正因為他粗魯，所以要用婉轉的方式對待；正因為道理一說就明白，所以用不著大聲。理不直的人，常用『氣壯』來壓人。理直的人，要用『氣和』來交朋友！」

客人們都佩服地點頭笑了，對這家餐館也增加了許多好感。

Life Wisdom

有理不在聲高。「理直氣和」往往比「理直氣壯」會收到更好的處事效果。

過分的修飾適得其反

有個秀才去買柴，他對賣柴的人說：「荷薪者過來！」賣柴的人聽不懂「荷薪者」（擔柴的人）三個字，但是聽得懂「過來」兩個字，於是把柴擔到秀才前面。

秀才問他：「其價如何？」賣柴的人聽不太懂這句話，但是聽得懂「價」這個字，於是就告訴秀才價錢。

秀才接著說：「外實而內虛，煙多而焰少，請損之（你的木材外表是乾的，裡頭卻是濕的，燃燒起來，會濃煙多而火焰小，請減些價錢吧）。」

賣柴的人因為聽不懂秀才的話，於是擔著柴走了。

Life Wisdom

平時最好用簡單的語言、易懂的言詞來傳達訊息，而且對於說話的對象、時機要有所掌握。有時，過分的修飾反而達不到想要完成的目的。

你真的懂了嗎

一天，美國知名主持人林克萊特訪問一名小朋友：「你長大後想要當什麼？」

小朋友天真地回答：「嗯……我想要當飛機的駕駛員！」

林克萊特接著問：「如果有一天，你的飛機飛到太平洋上空，所有引擎都熄火了，你該怎麼辦？」

小朋友想了想：「我會先告訴坐在飛機上的人綁好安全帶，然後我掛上我的降落傘跳出去。」

當在場的觀眾笑得東倒西歪時，林克萊特繼續注視著這孩子，想看他是不是自作聰明的傢伙。沒想到，這孩子的兩行熱淚竟奪眶而出，使得林克萊特發覺孩子的悲憫之情遠非筆墨所能形容。

於是林克萊特問他說：「為什麼要這麼做？」

小孩的答案透露出一個孩子真摯的想法：「我要去拿燃料，我還要回來！」

Life Wisdom

當你聽到別人說話時，你真的聽懂他說的意思了嗎？如果不懂，就請聽別人說完吧，這就是聽的藝術：聽話不要聽一半；不要把自己的意思，提前放到別人所說的話前面。

你掃的地真乾淨

韓國某大型公司的一個清潔工，本來是一個最被人忽視、最被人看不起的角色，但就是這樣一個人，在一天晚上，與偷竊公司保險箱的小偷進行了殊死搏鬥。

事後，有人為他請功並詢問他的動機，答案卻出人意料。他說，當公司的總經理從他身旁經過時，總是會不時地讚美他：「你掃的地真乾淨。」

Life Wisdom

打動人最好的方式就是真誠的欣賞和善意的讚許。士為知己者死。世上有兩件東西比金錢和性命更為人們所需，那就是認可與讚美。

第四章

換個心境，人生更幸福

生活的智慧

尋找你身邊的老師

一五〇〇年，義大利佛羅倫斯採掘到一塊質地精美的大型大理石，它的自然外觀很適合雕刻一個人像。大理石在那裡放了很久，沒有人敢動手。曾有一位雕刻家來過，但他只在後面打了一鑿，就感到自己無力駕馭這塊寶貴的材料而住手了。

後來，大雕刻家米開朗基羅用這塊大理石雕出了曠古無雙的傑作大衛像。沒想到先前那位雕刻家的一鑿打重了，傷及了人像肌體，竟在大衛的背上留下了一點傷痕。

有人問米開朗基羅：「那位雕刻家是否太冒失？」

「不，」米開朗基羅說：「那位先生相當慎重，如果他冒失輕率的話，這塊材料早已不存在了，我的大衛像也就無從產生。這點傷痕對我未嘗沒有好處，因為它無時無刻不在提醒我，每下一刀一鑿都不能有絲毫的疏忽。在我雕刻大衛的過程中，那位老師自始至終都在我的身邊幫我提高警惕。」

Life Wisdom

許多人的成功都是建立在別人失敗的基礎上。多借鑑一些別人失敗的教訓，這會使自己少走彎路，更順利地抵達目標的終點。

每天做完六件事

伯利恆鋼鐵公司總裁查理斯·舒瓦普去會見效率專家艾維·利。艾維·利說可以在十分鐘內給舒瓦普一樣東西，這東西能把他公司的業績提高至少五〇%。

艾維·利遞給舒瓦普一張空白紙，說：「在這張紙上寫下你明天要做的六件最重要的事。」過了一會兒又說：「現在用數字標明每件事情對於你和你公司的重要性次序。」這花了大約五分鐘。

艾維·利接著說：「現在把這張紙放進口袋。明天早上第一件事是把紙條拿出來，做第一項。不要看其他的，只看第一項。著手辦第一件事，直至完成為止。然後用同樣方法對待第二項、第三項……直到你下班為止。如果你只做完第五件事，那不要緊，因為你總是做著最重要的事情。」

艾維．利又說：「每一天都要這樣做，你對這種方法的價值深信不疑之後，叫你公司的人也這樣做。這個試驗你愛做多久就做多久，然後給我寄支票來，你認為值多少就給我多少。」

整個會見歷時不到半個鐘頭。幾個星期之後，舒瓦普給艾維．利寄去一張二．五萬元的支票。五年之後，這個當年不為人知的小鋼鐵廠，一躍成為世界上最大的獨立鋼鐵廠，艾維．利提出的方法為查理斯．舒瓦普賺得一億美元。

Life Wisdom

如何珍惜時間，只教給人怎麼利用好現有時間來工作；如何合理利用時間，卻教給人怎麼節省更多時間來工作。如何合理的利用時間比如何珍惜時間更重要。

你該牢記和遺忘的

阿拉伯著名作家阿里，有一次與朋友吉伯、馬沙一同外出旅行。三人行經一處山谷時，馬沙一不小心失足滑落，眼看就要掉下深谷，機敏的吉伯拚命拉住他的衣襟，將他救起。為了永遠記住這一救命之恩，馬沙在附近的大石頭上用刀鐫刻下一行大字：某年某月某日，吉伯救了馬沙一命。

三人繼續旅行數日，來到一條河邊。兩人為了一件小事吵了起來。吉伯一氣之下打了馬沙一耳光。馬沙控制住自己，沒有還手。一口氣跑到沙灘上，用力在沙灘上又寫下一行大字：某年某月某日，吉伯打了馬沙一耳光。

不尋常的旅行結束了。有一天，阿里不解地問馬沙：「你為什麼要把救你的事刻在石頭上，而把打你的事寫在沙灘上？」馬沙很平靜地回答：「我將永遠感激並記住吉伯救過我的命。至於他打我的事，我想讓它隨著沙子的流動逐漸忘得一乾二淨。」

Life Wisdom

牢記別人給予你的恩德，把它刻在石頭上，也刻在心裡，並在以後的日子裡，激勵你去幫助別人；刻意地忘掉你對別人的怨恨，把這些雞毛蒜皮的小事從你的生活中忘掉，你將會在人生的道路上愈走愈寬闊。

珍愛人生的五枚金幣

有個叫阿巴格的人生活在內蒙古草原上。

有一次，年少的阿巴格和爸爸在草原上迷了路，阿巴格又累又怕，到最後快走不動了。爸爸就從兜裡掏出五枚硬幣，把一枚硬幣埋在草地裡，把其餘四枚放在阿巴格的手上，說：「人生有五枚金幣，童年、少年、青年、中年、老年各有一枚，你現在才用了一枚，就是埋在草地裡的那一枚，

「你不能把五枚都扔在草原裡，你要一點點地用，每一次都用出不同來，這樣才不枉人生一世。今天我們一定要走出草原，你將來也一定要走出草原。世界很大，人活著，就要多走些地方，多看看，不要讓你的金幣沒有用就扔掉。」

在父親的鼓勵下，那天阿巴格走出了草原。長大後，阿巴格離開了家鄉，成了一名優秀的船長。

Life Wisdom

世界很大，人活著，就要多走些地方，多看看，不要讓你的生命沒有用就頹廢。珍惜生命，就能走出挫折的沼澤地。

塞滿你的時間

為了解釋有效的時間管理對於職業生涯的重要性，老師在桌上放了一個罐子，然後裝進鵝卵石，問他的學生：「這罐子是不是滿的？」

「是！」學生回答說。

老師又拿出一袋碎石子，從罐口倒下去，問：「這罐子現在是不是滿的？」

學生沉默。

老師又從桌下拿出一袋沙子倒進罐子裡，再問學生：「這個罐子是滿的嗎？」

「好像滿了。」學生回答說。

老師又從桌底下拿出一大瓶水，把水倒在看起來已經填滿了的罐子裡……

Life Wisdom

無論工作多忙，行程排得多滿，如果要督促一下自己的話，還是可以多做許多事的，這就是時間管理的藝術。

回頭又有什麼用

一名少年背負沙鍋前行。

一不小心他把繩子弄斷了，沙鍋掉在地上摔得粉碎。

少年頭也不回地繼續前行。

有人叫住少年問：「你不知道沙鍋碎了嗎？幹嘛不看看？」

少年說：「已經碎了，回頭看又有什麼用？」

說罷繼續趕路。

Life Wisdom

人生的失敗大多是無法挽回的，愈想補償愈不甘心就愈痛苦。在失敗的時候，最重要的是找到一個新的起點，重新開始，繼續前行。

按部就班地從一頭開始

有一個網球教練對學生說：「如果一個網球掉進草叢裡，應該如何找？」
有人答：「從草叢中心線開始找。」
有人答：「從草叢的最凹處開始找。」
有人答：「從草最高的地方開始找。」
教練宣佈他的答案：「按部就班地從草地的一頭，搜尋到草地的另一頭。」

Life Wisdom

尋找成功的方法很簡單，從頭做起，不試圖走捷徑就可以了。

成功沒有捷徑

在一位著名企業家的報告會上，有位年輕人向企業家提出這樣一個問題：「請問您過去走過彎路沒有？能不能給我們年輕人指出一條成功直線，讓我們少走彎路呢？」

沒想到這位企業家乾脆俐落地回答：「我不承認自己走過什麼彎路，我只知道自己一直走在成功的路上。成功從來就沒有什麼捷徑，它就像登山一樣，哪有什麼直路可走？」

Life Wisdom

每個人都想尋找一條更加省力的路到達山頂。但那些從山頂下來的人卻說：山上根本沒有什麼捷徑，所有的路都是彎彎曲曲的。想要到達頂峰，就要不斷地征服那些根本就看不到路的懸崖峭壁。

你會游泳嗎

博士乘船過河，在船上與船夫閒談。

「你懂文學嗎？」博士問船夫。

「不懂。」船夫答道。

「那麼歷史呢？」博士又問。

「也不懂。」船夫說。

「那麼地理、生物、數學呢？你總會其中的一樣吧。」

「不，我一樣也不會。」

博士於是感嘆起來：「一無所知的人生啊，將是多麼可悲！」

正說著，忽然一陣大風吹來，河中心波濤滾滾，小船危在旦夕。

於是船夫問博士：「你會游泳嗎？」

博士愣住了：「我什麼都會，就是不會游泳。」

話還未說完，一個大浪打來，船翻了，博士和船夫都落入了水中。船夫憑著嫻熟的游泳技術救起了奄奄一息的博士。

這時船夫對博士說：「我什麼都不會，可是沒有我，你現在早就淹死了。」

Life Wisdom

多元化的社會既需要博學多聞的人，也需要有專門知識的人。在通向成功的路上，當你做不了通才時，還不如像船夫那樣——學一門實用的游泳技術。

你的著力點放在哪裡

在一次空手道表演賽中，黑帶高手以七段的實力，徒手劈開十餘塊疊在一起的實心木板，贏得觀眾熱烈的喝彩與掌聲。觀眾席中，一個小男孩也想試試。黑帶高手於是將十餘塊木板疊了起來，親切地拍著小男孩的肩膀，問他：「如果你想劈開這疊木板，你的著力點會放在哪裡？」

小男孩指著木板的中心：「這裡，我想一定要打在中心。」

空手道高手笑道：「你將著力點放在最上面這塊木板的中心，當你的掌擊中那一點時，將遭受同等力道的反擊，讓你的手反彈且疼痛不已。」

小男孩不解地問：「那究竟應該把著力點放在哪個部分？」

空手道高手指著最下面的那塊木板的下方：「這裡，把你所有的注意力都集中到木板的下面，你一定要想著自己將要達到這個地方。這樣，木板對你來說就不是一個障礙。」

Life Wisdom

不能只盯住事情表面，更要看到解決問題的關鍵點及根源。如果將自己的才智與能力聚焦，並把它們集中在幾項最重要的活動上，你就比一般人花更少時間取得更多的成就。

把一字臨摹到爐火純青

明朝萬曆年間，中國北方的女真族經常犯邊。皇帝為了要抗禦強敵，決心整修萬里長城。當時號稱天下第一關的山海關，早已年久失修，其中「天下第一關」的「一」字，已經脫落多時。萬曆皇帝募集各地書法名家，希望恢復山海關的本來面貌。

各地名士聞訊，紛紛前來揮毫，但是沒有一人的字能夠表達「天下第一關」的原味。皇帝於是再下詔，只要能夠雀屏中選的，就能夠獲得最大的重賞。經過嚴格的篩選，最後中選的，竟是山海關旁一家客棧的店小二，真是跌破大家的眼鏡。

在題字當天，會場被擠得水洩不通，官家也早就備妥了筆墨紙硯，等候店小二前來揮毫。只見主角抬頭看著山海關的牌樓，捨棄了狼豪大筆不用，拿起一塊抹布往硯台裡一沾，大喝一聲：「一！」十分乾淨俐落，立刻出現絕妙的「一」字。旁觀者莫不給予驚嘆的掌聲。

有人好奇的問他：「為何能夠如此成功？」他久久無法回答。後來勉強答道：「其實，我想不出有什麼秘訣，我只是在這裡當了三十多年的店小二，每當我在擦桌子時，我就望著牌樓上的『一』字，一揮一擦就這樣而已。」

原來這位店小二的工作地點，正好面對山海關的城門，每當他彎下腰，拿起抹布清理桌上的油污之際，剛好對準「天下第一關」的一字。因此，他不由自主地天天看、天天擦，數十年如一日，久而久之，就熟能生巧、巧而精通，這就是他能夠把這個「一」字，臨摹到爐火純青、唯妙唯肖的原因。

Life Wisdom

練習造就完美，熟練才能精通。因為熱忱，所以能夠投入強大的動力與能量；因為專注，才能心無旁騖勇往直前；因為熱忱與專注，才能達到專業與精通的境界。

先把事情做對

一個小徒弟拜師學理髮。徒弟很聰明，學得很認真，手腳也靈活，深得師父喜歡。學習刮臉刮鬍子時，師父先讓他在一個大葫蘆瓜上練習。小徒弟一招一式地練，動作很細很輕，頗得師傅，就是養成了一個壞習慣：每次練習完畢，刮刀總是往瓜蒂上一甩，將刀留在瓜的蒂頭上。

師父一次一次地糾正他，他總不以為然，笑著說：「這是瓜，不是人，有啥關係？」就這樣，小徒弟「畢業」了。

獨立為第一位顧客理髮時，他告誡自己，此刻刮的是人的腦袋，不是瓜，千萬別再紮刀了。他邊想著邊欣賞自己的傑作，「嗑」的一聲，刀落到顧客腦袋上了。

Life Wisdom

無論做什麼，前提是先把事情做對，然後再追求做好、做精。習慣成自然，培養好習慣就是「先做對」。你的好習慣愈多，你離成功就會愈近，你的命運就是由你的習慣決定的。

減少不必要的損失

一隻蟬停在很高的樹上唱歌。狐狸很想吃蟬，想出了一個壞主意。

狐狸故意站在能看到蟬的地方，欣賞美妙歌聲，並勸牠下來，說想見識一下是什麼樣的動物可以有如此美妙的聲音。

蟬對狐狸的態度感到懷疑，就先折了一片樹葉丟下去。狐狸以為是蟬，立刻衝上去咬住，於是蟬說：「狐狸啊！你以為我會下去，那就錯了。自從我在狐狸的糞便中看到蟬的翅膀後，我就對狐狸特別小心，格外注意了。」

Life Wisdom

從別人的失誤和毀滅中吸取經驗和教訓，減少不必要的損失。

所長無用

有個魯國人擅長編草鞋，他妻子擅長織白絹。他想遷到越國去。

友人對他說：「你到越國去，一定會貧窮的。」

「為什麼？」

「草鞋，是用來穿著走路的，但越國人習慣赤足走路；白絹，是用來做帽子的，但越國人習慣披頭散髮。憑你的長處，到用不到你的地方去，這樣要使自己不貧窮，難道可能嗎？」

Life Wisdom

一個人要發揮其專長，就必須適合社會環境需要，如果脫離社會環境的需要，其專長也就失去了價值。因此，我們要根據社會的需要，決定自己的行動，更好地發揮自己的專長。

別請教門外漢

從前，有個年輕人騎馬到處遊玩。有一天，他來到一條小河邊，他想涉河而過，但看到河水流得很急，擔心河水太深，馬兒會被淹死。在猶豫不決時，他看到小河對面有個小孩在玩泥沙，便大聲問那個小孩：「小朋友，這河深不深？我的馬兒可以過去嗎？」

那個小孩望望馬兒後，便說：「不深，不深，馬兒可以過河，沒有問題的。」

聽後，年輕人便跳上馬背，騎馬過河了。豈知，走到河中間，河水已淹過馬背，剩下馬頭，他驚慌不已，便撤退回岸。

衣服全濕的他，很生氣地責罵那個小孩，以為他講假話。豈知，那個小孩聽後回答說：「我家的鴨子每天清晨都在河上游來游去，他們的腿那麼短都沒問題，你的馬兒這麼高大，怎會不可以呢！」

Life Wisdom

當我們面對困惑時，一定要去詢問在那一方面有專長的人，而絕不是那些門外漢。後者似懂非懂，往往會像那個小孩一樣，根據個人推理而給我們指點迷津。

你的優勢可能要了你的命

有隻小鹿為了止渴充饑，來到一處泉水旁。當牠正盡情暢飲時，瞥見水中映出自己的那對鹿角，展現出一種高雅脫俗的氣質，牠不禁顧影自憐，得意非凡。可是，當牠又想到纖細的四肢，就不由得陣陣悲酸湧上心頭。

這時，獅子突然出現了，小鹿拚命奔跑起來。那纖細的四肢，輕巧靈活，跑起來速度極快，眼看就要把獅子甩開時，那對鹿角竟然勾住了叢林中的枝叉，使小鹿無法動彈。進退不得之際，獅子追了上來。可憐的小鹿，成了獅子的一頓美餐。

Life Wisdom

你引以自豪的優勢可以讓你脫穎而出，也可能要了你的命。要把優勢變成業內無人可以抵擋的強勢才行。

遵循自然之道

七個旅行者和一個生物學家嚮導，結隊到達南太平洋的加拉巴哥島。那個海島上有許多太平洋綠海龜，他們想實地觀察一下幼龜是怎樣離巢進入大海的。

太平洋綠龜的體重約一五〇公斤左右，幼龜不及這體重的百分之一，牠們一般在四、五月間離巢而出，爭先恐後爬向大海。只是，從龜巢到大海需要經過一段不短的沙灘，稍不留心便可能成為鷹等食肉鳥的食物。

那天上島時，已近黃昏，他們很快就發現一處大龜巢。突然，他們看見一隻幼龜率先把頭探出巢穴，卻又欲出而止，似乎在偵察外面是否安全。而正當幼龜踟躕不前時，一隻鷹突然從空中直撲而下，牠用利嘴啄龜的頭，企圖把牠拉到沙灘上。

旅行者們緊張地看著眼前的一幕，其中一位焦急地問嚮導：「你得想想辦法啊！」嚮導卻若無其事地答：「叼就叼去吧，自然之道，就是這樣。」

嚮導的冷淡，招來了旅行者們一片「不能見死不救」的呼喚。於是嚮導極不情願地抱起小龜，把牠引向大海。然而，接著發生的事卻使他們極為震驚——嚮導抱走幼龜不久，成群的幼龜從巢口魚貫而出——那隻小龜原來是龜群的「偵察兵」！一旦遇到危險，牠便會返回龜巢。現在做偵察的幼龜被引向大海，巢中的幼龜得到錯誤資訊，以為外面很安全，於是爭先恐後地結伴而行。

沙灘上無遮無擋，很快引來許多食肉鳥，牠們確實可以飽餐一頓了。

「天啊！」有個旅行者說：「看我們做了什麼！」

這時，數十隻幼龜已成了鷹、海鷗的口中之物，嚮導趕緊脫下頭上的棒球帽，迅速抓起數十隻幼龜，放進帽中向海邊奔去。旅行者也學著他的樣子，氣喘吁吁地來回奔跑，算是對自己過錯的一種補救吧。

看著數十隻食肉鳥吃得飽飽的，發出歡樂的叫聲，旅行者們都低垂著頭，嚮導發出悲嘆：「如果不是我們人類，這些海龜根本就不會受到危害。」

Life Wisdom

人是萬物之靈。然而，當人自作聰明時，一切都可能走向反面。所以，一切選擇都比不上「遵循自然之道」明智。

學會選擇，學會放棄

放棄尋找那小小的碎片

有一個圓，被切去了好大一塊三角形。它想自己恢復完整，沒有任何殘缺，因此四處尋找失去的部分。

因為殘缺不全，它只能慢慢滾動，所以能在路上欣賞花草樹木，還能和毛毛蟲聊天，享受陽光。它找到各種不同的碎片，但都不合適，所以都留在路邊，繼續往前尋找。

有一天，這個殘缺不全的圓找到一個非常合適的碎片，它很開心地把那塊碎片拼上了，開始滾動。

現在它是完整的圓了，能滾得很快，快得使它注意不到路邊的花草樹木，也不能和毛毛蟲聊天。它終於發現滾動太快使它看到的世界好像完全不同了，於是它停止了滾動，把補上的碎片丟在路旁，慢慢滾走。

Life Wisdom

很多時候，我們不都像這個殘缺不全的圓一樣滾來滾去嗎？人生旅途中，追求完美固然重要，但不完美時，我們才能欣賞到路邊的風景。

推開那扇門就是馬路

為了解決自己的婚姻問題，一位先生走進了一家取名為「愛情」的婚姻介紹所。一位工作人員把他領進了屋，對他說：「現在，請您到隔壁的房間去，那裡有許多門，每一個門上都寫著您所需要的對象的資料，以便供您選擇。祝您好運！」先生謝過了工作人員，向隔壁的房間走去。

裡面的房間裡有兩個門，第一個門上寫著「終身的伴侶」，另一個門上寫著「至死不變心」。先生忌諱那個「死」字，於是便邁進了第一個門。

接著，又看見兩個門，右側寫的是「淺黃色的頭髮」。應當承認，不知道為什麼，男士總是比較喜歡長著淺黃色頭髮的女性。於是，先生便推開了右側的那扇門。

進去以後，還有兩個門，左邊寫著「年輕美麗的姑娘」，右邊則是「富有經驗、成熟的婦女和寡婦們」。可想而知，先生進入了左邊的那扇門。

可是，進去以後，又有兩個門，上面分別寫的是「疼愛自己的丈夫」和「需要丈夫隨時陪伴她」。之後還有「雙親健在」和「舉目無親」。「忠誠、多情、缺乏經驗」和「天才、具有高度的智力」。先生都一一作了選擇。

最後的兩個門對男士來說，是一個極為重要的抉擇。上面分別寫的是「有遺產，或富裕，有一棟漂亮的住宅」和「憑工資吃飯」。理所當然地，先生選擇了前者。

當先生還準備繼續選擇而推開那扇門時，天啊……他已經上了馬路了！

有位工作人員向先生走來，他交給先生一封信，信上寫著：「對不起，您的要求太高了，我們這裡沒有適合您的。」

Life Wisdom

只有珍惜眼前，你才不會太痛苦。生活中，殘缺也是一種美。

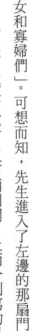

選擇什麼得到什麼

美國人、法國人、猶太人，這三個人即將被關進監獄三年，監獄長說可以答應他們每個人一個要求。美國人愛抽雪茄，要了三箱雪茄。法國人最浪漫，要了一個美麗的女子相伴。而猶太人說，他要擁有一部與外界溝通的電話。

三年過後，第一個衝出來的是美國人，他嘴裡、鼻孔裡塞滿了雪茄，還大喊道：「給我火，給我火！」原來他忘了帶火了。

接著出來的是法國人。只見他手裡抱著一個小孩子，美麗女子手裡牽著一個小孩子，肚子裡還懷著第三個。法國人正愁眉苦臉地準備著如何讓孩子們長大成人。

最後出來的是猶太人，他緊緊握住監獄長的手說：「感謝你讓我擁有一部電話，這三年來我每天與外界聯繫，我的生意不但沒有停頓，反而還增長了很多，為了表示感謝，我送你一輛勞斯萊斯！」

Life Wisdom

什麼樣的選擇決定什麼樣的生活，什麼樣的目標導致什麼樣的結果。今天的生活現狀是由三年前我們的選擇決定的，而今天我們的選擇將決定我們三年後的生活。選擇永遠是你將來生活的底片。

接受大師的刀刻斧切

安置在廟裡的一座神像，每天受到信徒的頂禮膜拜。它享受著尊崇的地位和榮耀，香火和供奉也紛至沓來。木魚卻沒有這樣的優厚待遇，它被放在神桌前，隨著和尚早課晚課的誦經聲，不斷地被敲打著……

一天夜裡，木魚問神像：「我們來自同一塊木頭，你可以享受供奉，而我卻每天要被人敲打，難過死了。為什麼我們的命運會相差這麼大呢？」

神像說：「昨天的抗挫折力和忍耐強度決定了今天成就的大小。當初你不肯接受刀斧加身，大師只能把你做成一只小小的木魚。我深知只有接受雕琢之苦才能成就未來，所以甘心接受大師的刀刻斧切，終於變成自己心目中一尊最滿意的神像。難怪今天我們所受的待遇會有天壤之別了。」

Life Wisdom

同為雕刻大師在森林中漫步拾到的一塊木頭，一為神像，一則為木魚。願意當神像，或者當木魚，決定權完全在於你自己。

順其自然

一位建築師設計了位於綠地四周的辦公樓群。竣工後，園林管理部門的人問他人行道該鋪在哪裡。「把大樓之間的空地全種上草。」他回答。

夏天過後，在樓間的草地上踩出了許多小道，優雅自然，走的人多就寬，走的人少就窄。秋天，這位建築師讓人沿著這些踩出來的痕跡鋪設人行道。

這是從未有過的優美設計，和諧自然地滿足了行人的需要。

Life Wisdom

順其自然的選擇，可以使事情變得容易，而且又符合自然規律。強扭的瓜不甜，這樣受累又不討好。

人生總有缺憾

有個人有張出色的、由檀木做成的弓。他非常珍惜這張弓——它射箭又遠又準。

有一次，這個人一邊觀察一邊想：這弓還是有些笨重，外觀也無特色，請藝術家在弓上雕一些圖畫好了。

他請藝術家在弓上雕了一幅完整的行獵圖。拿著這張完美的弓時，他心中充滿了喜悅。「你終於變得完美了，我親愛的弓！」然而，當他一面想著一面拉緊弓時，突然「呀」的一聲，弓斷了。

Life Wisdom

世界萬物皆不完美。人生總有缺憾，當你凡事苛求十全十美時，結果只會讓你失望。

適得其反

有個農夫，每天早出晚歸地耕種一小片貧瘠的土地。他的收成很少。一位天使可憐他的境遇，就對他說，只要他能不斷地往前跑，他跑過的所有地方，不管多大，那些土地就全部歸他。

於是，農夫興奮地向前跑，一直跑，一直不停地跑！跑累了，想停下來休息，但一想到家裡的妻子、兒女，都需要更大的土地來耕作，來賺錢，於是他又拚命地再往前跑！

不久，農夫上氣不接下氣，實在跑不動了！可又想到將來年紀大，可能沒人照顧、需要錢，於是又打起精神，不顧氣喘不已的身子，再奮力地向前跑！

最後，農夫體力不支，「咚」的一聲倒在地上，累死了！

Life Wisdom

人活在世上，必須努力奮鬥。然而，如果對靈魂以外的東西過分貪戀，就會適得其反。

學會選擇，學會放棄

有個青年向一個富翁請教成功之道，富翁卻拿了三塊大小不一的西瓜放在青年面前，問道：「如果每塊西瓜代表一定程度的利益，你選哪塊？」

「當然是最大的那塊！」青年毫不猶豫地回答。

富翁一笑：「那好，請吧！」富翁把那塊最大的西瓜遞給青年，而自己卻吃起了最小的那塊。

很快，富翁就吃完了，隨後拿起桌上的最後一塊西瓜，得意地在青年面前晃了晃，大口吃了起來。青年馬上明白了富翁的意思：富翁吃的瓜雖無青年的大，卻比青年吃得多。如果每塊西瓜代表一定程度的利益，那麼富翁占有的利益自然比青年多。

吃完西瓜，富翁對青年說：「要想成功，就要學會放棄，只有放棄眼前利益，才能獲取長遠大利，這就是我的成功之道。」

Life Wisdom

只有放棄眼前利益，才能獲取長遠大利。要想成功，就要學會放棄。

放手吧

有個小男孩正在玩一只貴重的花瓶，誰知他把手伸進去之後，竟然拔不出來。父親費盡了力氣也幫不上忙，遂決定打破瓶子。但在此之前，他決心再試一次：「兒子，現在你張開手掌，伸直手指，像我這樣，看看能不能拉出來。」

小男孩卻說了一句令人驚訝的話：「不行啊，爸，我不能鬆手，那樣我會失去一分錢。」

Life Wisdom

多少人正像那男孩一樣，執意抓住那無用的一分錢，不願獲得自由。放掉那些無意義的東西，放手吧！別讓它們左右你的人生。

最重要的事

放下這杯水

講師在課堂上拿起一杯水，問學生：「各位認為這杯水有多重？」學生們有的說二十公克，有的說五百公克。講師則說：

這杯水的重量並不重要，重要的是你能拿多久？

拿一分鐘，你覺得沒問題；

拿一個小時，你可能覺得手痠；

拿一天，你可能就要叫救護車了。

Life Wisdom

如果我們一直把壓力放在身上，不管時間長短，到最後，我們都覺得壓力愈來愈沉重，以致無法承擔。我們應該放下這杯水，休息一下後再拿起這杯水，如此我們才能夠拿得更久。

再多的寶藏有什麼用

有一個貪財的人，擁有數不清的土地和金錢。一個夏天的下午，他去尋找埋在田野裡的寶藏。一路上，他口渴得要命，好不容易遇到一個賣檸檬水和利口酒的商販，一問價錢，又覺得太貴了。

他自言自語地說：「這太貴了，我要快點趕路，等找到寶藏後回到家裡去喝水，這樣就一點錢也不用花了。」

他繼續趕路，口渴不停地折磨著他，等到了埋藏寶藏的地方，他已經渴得快要死了。等他掙扎著把寶藏挖出來時，已經不能動彈了。他把金子放在面前，向蒼天哀求把它們變成一滴水給自己解渴。可是，唉！他已經死了。

Life Wisdom

人死了，再多的寶藏又有什麼用？一個人的生命是有限的，不要讓有限的生命承載太多物欲的壓力，最終失去最珍貴的東西——生命。

當錢成為幫兇

一個人花了五十萬元，買了一塊由製錶名匠親自加工的鑲滿鑽石的手錶。他對這支錶愛不釋手。為了防止歹徒搶劫，他還特地雇了一個保鏢。

有一次，這個人乘火車到外地去，上火車前就被歹徒盯住了。由於人多眼雜，歹徒一直沒有機會動手。不久，火車即將發動，這個人就選在靠窗的位子坐下，戴手錶的左手則放在窗台上。

但就在火車慢慢加速行駛時，一件意料不到的事情發生了：歹徒用準備好的一把快刀，將這個人佩戴鑽石手錶的左臂硬是活生生地砍了下來。

這個人又痛又怕，送到醫院時，已經沒了性命。

Life Wisdom

錢乃身外之物，生不帶來，死不帶去，所以別太在乎它。一旦因錢連性命也斷送了，那麼再多的錢也沒用。

與死神講和

一個疲憊的砍柴人，背負著一大捆柴。他不堪歲月和柴木的重負，呻吟著挪動沉重的腳步，彎著腰朝山下低矮的小屋走去。終於，他走不動了。痛苦之中放下柴木，他想起了自己走過的坎坷人生：

降生到這個世界後，他就不曾有過幸福，恐怕世界上找不到比他更痛苦的人了。經常是吃了上頓愁下頓，整日為糊口奔忙。老婆孩子、茅屋陋室、苛捐雜稅，簡直是沒完沒了的痛苦……閉上眼，一幅幅慘不忍睹的場景就會在腦海中浮現。

砍柴人跪了下來呼叫死神，死神馬上趕來，問砍柴人需要得到什麼幫助。

「請您幫我抬起這捆柴，放到我背上，我想不會占用您多少時間。」砍柴人用足氣力說。

Life Wisdom

死亡本可使他一了百了，但砍柴人寧可受罪也不願去死，這難道不能給遭受痛苦和挫折的人一點啟示嗎？人人都有求生的欲望，也都有光宗耀祖、贏得一世英名的願景。如何善用這兩種動力，這是生命中最值得深思的問題。

不要太在意

一位白髮蒼蒼的諾貝爾物理學獎獲得者與一個年輕的歌星同機飛抵某市。他們走下飛機舷梯時，歌星被歌迷們圍得水洩不通，老科學家則無人問候。

事後有人為科學家抱不平，科學家卻說：「歌星是面對面地為人們服務的，我們是背對背地為大家服務的。所以人們當然面向他們，背向我們。面對著這麼多的人，歌星可以唱歌，我們可以做實驗、思考問題嗎？不能。」

Life Wisdom

我們應當明白，社會上大多數人是背對背地為其他人服務的，你也許就是其中的一個。只有這樣想，當你得不到欣賞時，你自然也就心安理得了。

努力活出明天

法國有一個偏僻的小鎮，據傳有一個特別靈驗的水泉常會出現奇蹟，可以醫治各種疾病。

有一天，一個拄著拐杖、少了一條腿的退伍軍人，一跛一跛地走過鎮上的馬路，旁邊的鎮民帶著同情的口吻說：「可憐的傢伙，難道他要向上帝祈求再有一條腿嗎？」

這句話被退伍的軍人聽到了，他轉過身對他們說：「我不是要向上帝祈求有一條新的腿，而是要祈求他幫助我，教我沒有一條腿後，也知道如何過日子。」

Life Wisdom

學習接納失去的事實。不管人生的得與失，總是要讓自己的生命充滿了亮麗光彩，不再為過去掉淚，努力地活出自己的明天。

不猶豫不後悔

印度有一位哲學家，飽讀經書，富有才情，很多女人迷戀他。一天，一個女子來敲他的門，說：「讓我做你的妻子吧！錯過我，你將再也找不到比我更愛你的女人了！」哲學家雖然很喜歡她，卻回答說：「讓我考慮考慮！」

哲學家用一貫研究學問的精神，將結婚和不結婚的好壞所在分別羅列下來，但結果卻發現兩種選擇好壞均等，他不知道該怎麼辦，於是陷入了長期的苦惱之中，無論找出什麼新的理由，都只是徒增選擇的困難。

最後，他得出一個結論——人若在面臨抉擇而無法取捨時，應該選擇自己尚未經歷過的那一個。不結婚的處境我是清楚的，但結婚會是怎樣的情況我還不知道。對！我該答應那個女人的央求。

於是，哲學家來到女人的家中，問女人的父親：「你的女兒呢？請你告訴她，我考慮清楚了，我決定娶她為妻！」然而女人的父親卻冷漠地回答：「你來晚了十年，我女兒現在已經是三個孩子的媽了！」

哲學家聽了，幾乎崩潰。他萬萬沒有想到，向來引以為傲的哲學頭腦，最後換來的竟是一場悔恨。兩年後，哲學家抑鬱成疾。臨終前，他將自己所有的著作丟入火堆，只留下一句對人生的批註——如果將人生一分為二，那麼我們前半段人生哲學應該是「不猶豫」，而後半段的人生哲學應該是「不後悔」。

Life Wisdom

人在旅途機會難得，不要猶豫，不要拖延；人生有很多事情值得去做，何必把時間浪費在後悔上。不猶豫，不後悔，實是睿智提醒。

把每個人都當成寶貝

有個女孩，無論她走到哪裡總是會有很多朋友，以前的老朋友會經常掛念她，給她打很多電話，身邊的新朋友也總是源源不斷，即使是在路邊邂逅的陌生人，也對她有好感。與她朝夕相處的好朋友意識到了這一點，好奇地問她為什麼。

「我長得並不漂亮，所以別人喜歡我不是因為我的外表，如果說我的內在足夠吸引人，我想那就是我格外珍惜和身邊人的緣分！」

女孩繼續說：「唸書的時候，我想，和這些本來陌生的人能在一起學習多麼不容易啊。有了這樣的想法，就不可能和他們產生矛盾，也不可能不關心他們。當我踏入社會，我又覺得和同事、老闆在一起工作也是一種緣分。說不定兩年、三年之後大家又分開了，這樣想著，我就覺得每個人都像寶貝。」

Life Wisdom

如果你真正珍惜和身邊人的緣分，你就會把每個人都當作寶貝。把每個人都當作寶貝的人，別人也都會把他當作寶貝！

什麼東西對你來說最重要

正值午餐時間，一個美國人和朋友走在紐約市中心的曼哈頓時代廣場上，街上擠滿了行人，汽車的喇叭聲此起彼伏，整個城市幾乎震耳欲聾地響。突然，這個美國人說：「我聽到了一隻蟋蟀的叫聲。」

朋友說：「什麼？你瘋了！在這麼吵鬧的地方是不可能聽到蟋蟀的叫聲的。」

「不，我很肯定，」美國人說：「我是聽到了一隻蟋蟀在叫。」

這個美國人仔細聽了一會兒，然後穿過大街，來到一個長著灌木的水泥大花池前。他仔細地聽了一會兒，然後很自信地在灌木枝的底下找到了一隻蟋蟀。朋友見狀完全驚呆了。

「真是難以置信，」他的朋友說：「你一定有一對超人的耳朵。」

「不，」美國人說：「我的耳朵和你的沒什麼不一樣，關鍵是你在聽些什麼。」

「這是不可能的！」朋友說：「在這麼吵鬧的地方，我就聽不到蟋蟀的叫聲。」

「是的，這倒是真的。這要看什麼東西對你來說才是最重要的。來，讓我做給你看。」這個美國人掏出錢包，倒出幾枚硬幣，然後小心翼翼地扔在人行道上，大街上的吵鬧聲依舊，然而，他們看到在附近的行人都不約而同地把頭轉了過來，盯著人行道上叮噹作響的硬幣，看會不會是自己掉下來的。

「明白我的意思了嗎？」這個美國人說：「關鍵是要看什麼東西對你來說才是最重要的。」

什麼東西對你來說最重要，這是每個人都要考慮的問題。只是，有人把答案留在了墳墓裡，有人把它記在了人生的座標上。想要活得充實，你得知道你到底想得到什麼。

同樣值得驕傲

哈里・S・杜魯門當選美國總統後，有記者到他的家鄉採訪他的母親。記者首先稱讚道：「有哈里這樣的兒子，您一定感到十分自豪。」

「是這樣。」杜魯門的母親贊同道：「不過，我還有一個兒子，也同樣讓我感到自豪。」

「他是做什麼的呢？」記者問。

「他正在田裡挖馬鈴薯。」

Life Wisdom

認真地做事，快樂地生活，不論你的成就高低，你都值得母親驕傲。

生活原本沒有痛苦

法國紀錄片「微觀世界」中有這樣一個場景：

一隻屎殼郎，推著一個糞球，在並不平坦的山路上奔走著，路上有許多沙礫和土塊，然而，牠推的速度並不慢。

在路正前方的不遠處，一根植物的尖刺斜長在路面上，根部粗大，頂端尖銳，格外顯眼。也許是冥冥之中的安排，屎殼郎偏偏朝這個方向奔去，牠推的那個糞球，一下子扎在了這根「巨刺」上。

然而，屎殼郎似乎並沒有發現自己已經陷入困境。牠正著推了一會兒，不見動靜，又倒著往前頂，還是不見效。牠推走了周邊的土塊，試圖從側面使勁……該想的辦法牠都想到了，但糞球依舊深深地扎在那根刺上，沒有任何出來的跡象。

觀眾不禁為牠的鍥而不捨感到好笑，因為對於這樣一隻卑小而智力低微的動物來說，怎能解決這麼大的一個「難題」呢？然而，就在此時，牠突然繞到了糞球的另一面，只輕輕一頂……頑固的糞球便從那根刺裡「脫身」而出。

牠贏了，沒有勝利之後的歡呼。贏了之後的屎殼郎，就像剛才什麼事也沒發生一樣，幾乎不做任何停留，就推著糞球急匆匆地向前去了。

Life Wisdom

原本的生命概念中，是根本就不存在輸贏的。推得過去，是生活；推不過去，也是一樣的生活。人比動物多的，也許只是計較得失的智慧以及感受痛苦的智慧。

生命不能太負重

一個青年背著一個大包裹千里迢迢跑來找無際人師，他說：「大師，我是那樣的孤獨、痛苦和寂寞，長期的跋涉使我疲倦到極點；我的鞋子破了，荊棘割破雙腳；手也受傷了，流血不止；嗓子因為長久的呼喊而沙啞……為什麼我還不能找到心中的陽光？」

無際大師問：「你的大包裹裡裝了什麼？」

青年說：「它對我可重要了，裡面是我每一次跌倒時的痛苦，每一次受傷後的哭泣，每一次孤寂時的煩惱……靠著它，我才能走到您這兒來。」

於是，無際大師帶青年來到河邊，他們坐船過了河。上岸後，大師說：「你扛了船趕路吧！」

「什麼，扛了船趕路？」青年很驚訝：「它那麼沉，我扛得動嗎？」

「是的，孩子，你扛不動它。」無際大師微微一笑，說：「過河時，船是有用的。但過了河，我們就要放下船趕路。否則，它會變成我們的包袱。痛苦、孤獨、寂寞、災難、眼淚，這些對人生都是有用的，它能使生命得到昇華，但須臾不忘，就成了人生的包袱。放下它吧！孩子，生命不能太負重。」

青年放下包袱，繼續趕路，他發覺自己的步子輕鬆而愉悅，比以前快得多。原來，生命是可以不必如此沉重的。

Life Wisdom

痛苦、孤獨、寂寞、災難、眼淚，這些對人生都是有用的，它能在一定條件下使生命得到昇華。但是如果不把它們放下，就會成為人生的包袱。畢竟，生命不能太負重。

第五章

讓生命發光

成就自己

禮物歸誰

一個佛陀在旅途中，碰到一個不喜歡他的人。連續好幾天，好長一段路，那個人都用盡各種方法來侮辱他。最後，佛陀轉身問那個人：「若有人送你一份禮物，但你拒絕接受，那麼這份禮物最後會屬於誰呢？」

那個人回答：「屬於原本送禮的那個人。」

佛陀笑著說：「沒錯。若我不接受你的謾罵，那你就是在罵自己囉？」

那個人摸摸鼻子走了。

Life Wisdom

只要心靈健康，別人怎麼樣都不會影響我們。相反，如果我們一味地在乎別人的說法或做法，就會失去自主權，受人支配。

險峰急流與你何干

這是一處地勢險惡的峽谷。湍急的水流奔騰而下，幾根光禿禿的鐵索橫亙在懸崖峭壁間，這就是過河的橋。

有三個人來到橋頭。一個盲人，一個聾子，一個耳聰目明的健全人。三個人一個接一個地抓住鐵索，凌空行進。結果是：盲人、聾子過了橋，那個耳聰目明的人跌了下去，喪了命。

難道耳聰目明的人不如盲人、聾人嗎？他的弱點恰恰源於耳聰目明。

盲人說：「我眼睛看不見，不知山高橋險，心平氣和地攀索。」聾人說：「我的耳朵聽不見，不聞腳下咆哮怒吼，恐懼相對減少了很多。」

Life Wisdom

對於健全的人來說，心智的修練恐怕要比本領的修練更重要。你過你的橋，險峰和急流又與你何干？只管注意你的腳，讓自己踏得穩固就夠了。

用「裂縫」來澆灌鮮花

挑水工有兩個水罐，一個完好無缺，一個有一條裂縫。

每天早上，挑水工都拎著兩個水罐去打水，但到家的時候，有裂縫的水罐通常只剩下一半的水，所以完美的水罐常常嘲笑有裂縫的水罐，而有裂縫的水罐也因此十分自卑。

終於有一天，在挑水工打水的時候，有裂縫的水罐難過地哭了。他對挑水工嗚咽道：「真對不起，因為我的裂縫，每天浪費了您很多時間。」

挑水工聽了說：「不，沒有浪費。不信，你可以看一下回家路上的那些鮮花。」說完，挑水工又拎著水罐往回走。

果然，有裂縫的水罐發現，不知何時，自己這邊的小路上開滿了各種鮮花，而好水罐的那邊卻沒有。

挑水工邊走邊說：「我在你這邊的路上撒下了花種，正因為你的裂縫，才使它們每天都喝到足夠的水，開出了美麗的鮮花。若不是你，我怎麼可能每天採花，裝飾自己的家園呢？」有裂縫的水罐聽到這兒，高興地笑了。

Life Wisdom

人生旅途中，難免有些不如意的「裂縫」。只要我們善於利用這些「裂縫」，它們依然可以開出裝點心靈家園的美麗「鮮花」。

做好份內該做的事

一個小男孩哭著回家了。因為在學校的活動裡，老師派他扮演一個小角色，而他的同學卻扮演主要角色。

母親聽後，冷靜地把自己的錶放在男孩的手心裡，問男孩：「你看到什麼？」男孩回答說：「金錶殼和指標。」母親把錶背打開後，又問男孩同樣的問題，他看到許多小齒輪和螺絲。

母親對男孩說：「這個錶假使缺少這些零件中的任何一件，便不能走了，就連那些你幾乎看不到的零件也是一樣重要。」

Life Wisdom

無論我們在工作中充當什麼樣的角色，只要是份內應該做的事，就應當盡力把它做到最好。再小的事、再不起眼的小角色，也有它存在的價值和意義。

為自己鋪路

在抗美援朝時期一場異常激烈的戰鬥中，一架敵機正飛速地向陣地俯衝下來。正當班長準備臥倒時，他突然發現離自己四、五公尺遠處，有一個小戰士還直愣愣地站在那兒。班長顧不上多想，一下子撲了過去，將小戰士緊緊地壓在身下。

一聲巨響過後，班長站起身來拍拍落在身上的泥土，正準備教育這位小戰士時，回頭一看，嚇呆了：剛才自己所處的那個位置被炸成了一個大坑。

Life Wisdom

在前進的路上，搬開別人腳下的絆腳石，有時恰恰就是為自己鋪路。心疼別人，有時就是心疼我們自己。

不要忘了最初的本心

有個老魔鬼看到人間的生活過得太幸福了，他想：「我要去擾亂一下，要不然魔鬼就不存在了。」他先派一個小魔鬼去擾亂一個農夫，因為他看到那農夫每天辛勤地耕作，可是所得卻少得可憐，但他還是那麼快樂，非常知足。

小魔鬼想，怎樣才能把農夫變壞呢？他就把農夫的田地變得很硬，讓農夫知難而退。那農夫挖了半天，做得好辛苦，但他只是休息一下，還是繼續挖，沒有一點抱怨。小魔鬼看到計策失敗，只好摸摸鼻子回去了。

老魔鬼又派了第二個去。第二個小魔鬼想：既然讓他更加辛苦也沒有用，那就拿走他所擁有的東西吧！於是，小魔鬼就把他的麵包和水偷走，他想，農夫做得那麼辛苦，又累又餓，如果發現午餐不見了，他一定會暴跳如雷！

結果，農夫又渴又餓地到樹下休息，發現麵包跟水都不見了！「不曉得是哪個可憐的人比我更需要那塊麵包和水？如果這些東西能讓他得到溫飽的話，那就好了。」小魔鬼又失敗了。

老魔鬼覺得奇怪，難道沒有任何辦法能使那農夫變壞嗎？這時第三個小魔鬼出來了，他對老魔鬼講：「我有辦法，一定能把他變壞。」

小魔鬼先去跟農夫做朋友，農夫很高興地和他做了朋友。因為魔鬼有預知的能力，他就告訴農夫，明年會有乾旱，教農夫把稻種在濕地上，農夫便照做。結果第二年別人沒有收成，只有農夫的收成滿坑滿谷，他因此富裕了起來。

之後，小魔鬼又每年對農夫說當年適合種什麼作物，三年下來，農夫已變得非常富有。他又教農夫把米釀成酒來販賣，賺取更多的錢。慢慢地，農夫開始不工作了，靠著販賣的方式，就能獲得大量金錢。

有一天，老魔鬼來了，小魔鬼就告訴老魔鬼說：「您看！我現在要展現我的成果。這農夫現在已經有豬的血液了。」

只見農夫辦了個晚宴，所有富有的人都來參加，喝最好的酒、吃最精美的餐點，還有好多的僕人侍候。他們非常浪費地吃喝，衣裳零亂，醉得不省人事，開始變得像豬一樣痴肥愚蠢。

「您還會看到他身上有著狼的血液。」小魔鬼又說。這時，一個僕人端著葡萄酒出來，不小心跌了一跤。農夫就開始罵他：「你做事怎麼這麼不小心！」

「唉！主人，我們到現在都還沒吃飯，餓得渾身無力。」

「事情沒有做完，你們怎麼可以吃飯！」

老魔鬼見了，高興地對小魔鬼說：「太了不起了！你是怎麼辦到的？」

小魔鬼說：「我只不過是讓他擁有比他需要的更多而已，這樣就可以引發他人性中的貪婪。」

Life Wisdom

我們在努力追求夢想的同時，千萬不要忘了最初的本心。心若改變，你的態度就會跟著改變；態度改變，你的習慣就會跟著改變；習慣改變，你的性格就會跟著改變；性格改變，你的人生就會跟著改變。

誠信是做人的根本

早年，尼泊爾的喜馬拉雅山南麓很少有外國人涉足。後來，許多日本人到這裡觀光旅遊，據說這是源於一位少年的誠信。

一天，幾位日本攝影師請當地一位少年代買啤酒，這位少年為此跑了三個多小時。第二天，這個少年又自告奮勇地要幫他們買啤酒。這次攝影師們給了他很多錢，但直到第三天下午這個少年都還沒回來，於是攝影師們議論紛紛，都認為這個少年把錢騙走了。

可是在第三天夜裡，他卻敲開了攝影師的門。原來，他只購得四瓶啤酒，後來，他又翻了一座山，越過一條河，才購得另外六瓶，但返回時摔壞了三瓶。他哭著拿著玻璃碎片，向攝影師交回零錢，在場的人無不動容。

這個故事使許多外國人深受感動。後來，到這兒的遊客就愈來愈多……

Life Wisdom

誠信是做人的根本，大凡有所成就的人都會視誠信如生命。在他們看來，誠信既是一種無形的力量，也是一種無形的財富。

一個髮夾

國王有七個女兒，這七位美麗的公主是國王的驕傲。她們那一頭烏黑亮麗的長髮遠近皆知，所以國王送給她們每人一百個漂亮的髮夾。

有一天早上，大公主醒來，一如往常地用髮夾整理她的秀髮，卻發現少了一個髮夾，於是她偷偷地到了二公主的房裡，拿走了一個髮夾。二公主發現少了一個髮夾，便到三公主房裡拿走一個髮夾；三公主發現少了一個髮夾，也偷偷地拿走四公主的一個髮夾；四公主如法炮製拿走了五公主的髮夾；五公主一樣拿走六公主的髮夾；六公主只好拿走七公主的髮夾。於是，七公主的髮夾只剩下九十九個。

第二天，鄰國英俊的王子忽然來到皇宮，他對國王說：「昨天我養的百靈鳥叼回了一個髮夾，我想這一定是屬於公主們的，而這也真是一種奇妙的緣分，不曉得是哪位公主掉了髮夾？」公主們聽到了這件事，都在心裡想說：「是我掉的，是我掉的。」可是頭上明明完整地別著一百個髮夾，所以都很懊惱，都說不出口。只有七公主走出來說：「我掉了一個髮夾。」話才說完，一頭漂亮的長髮因為少了一個髮夾，全部披散了下來，王子不由得看呆了。

故事的結局，想當然的是王子與七公主從此一起過上幸福快樂的日子。

Life Wisdom

一百個髮夾，就像完美圓滿的人生。少了一個髮夾，這個圓滿就有了缺憾。正因缺憾，未來就有了無限的可能性。原來，缺憾也可以是一件值得高興的事。

既然事情已成定局

連續幾天的傾盆大雨仍沒有停，一個人站在院子中央，指著天空大罵：「你這糊塗、不長眼睛的老天，下這麼多雨可把我給害慘了。屋頂漏了，衣服濕了，糧食潮了，柴火濕了……我倒楣你有好處嗎，還不停，還不停……」

這時，鄰居出來對他說：「你罵得這麼來勁，連自己被雨淋都不怕，老天一定會被你氣死，再也不敢隨便下雨了。」

「哼，祂能聽到就好了，可是實際上一點用都沒有。」罵天者氣呼呼地回答。「既然如此，那你為什麼還在那兒白費勁呢？」鄰居問。罵天者語塞了。

鄰居繼續說：「與其在這兒罵老天，不如先修好屋頂，再向我借些柴火，烘乾衣服，烘乾糧食，在屋裡做些平時沒空做的事。」

Life Wisdom

既然事情的結果已成定局，不如默默地承受。如果沒有能力去支配別人，不如一心一意地支配自己就好了。

知道自己做得有多好

一個替人割草打工的男孩打電話給一位陳太太說：「您需不需要割草？」

陳太太回答說：「不需要了，我已請了割草工。」

男孩又說：「我會幫您拔掉花叢中的雜草。」

陳太太回答：「我的割草工也做了。」

男孩又說：「我會幫您把草與走道的四周割齊。」

陳太太說：「我請的那人也已做了，謝謝你，我不需要新的割草工人。」

男孩便掛了電話，此時男孩的室友問他說：「你不是就在陳太太那裡割草打工嗎？為什麼還要打這電話？」

男孩說：「我只是想知道我做得有多好！」

Life Wisdom

只有不斷地探詢別人對你的評價，你才有可能知道自己的長處與短處。凡事想想清楚，多問幾個為什麼。

船票只決定你睡覺的地方

一對夫婦幾年來省吃儉用，用攢下來的錢買了張到美洲最便宜的旅行船票。

一天又一天，他們羨慕地看著頭等艙的旅客在甲板上吃著奢華的大餐。最後，當船快要停靠愛麗絲島時，小孩生病了。做父親的找到服務人員說：「先生，求求你，能不能賞我一些剩菜剩飯，好給我的小孩吃？」

服務人員回答說：「為什麼這麼問，這些餐點你們也可以吃啊。」

「是嗎？」這人回答說：「你的意思是說，整個航程裡我們都可以吃得很好？」

「當然！」服務人員以驚訝的口吻說：「在整個航程裡，這些餐點也供應給你和你的家人，你的船票只是決定你睡覺的地方，並沒有決定你的用餐地點。」

Life Wisdom

我們完全可以和其他人一樣，享受許多同樣的選擇權利。但是，在得到這些享受前，我們必須放棄一些在自己看來非常理所當然的想法。

平靜並不等於沒有紛亂

國王提供了一份獎金，希望有畫家能畫出最平靜的畫。許多畫家都來應試。國王看完所有畫，只有兩幅最被他喜愛，他決定從中作出選擇。

一幅畫是一個平靜的湖，湖面如鏡，倒映出周圍的群山，上面點綴著如絮的白雲。大凡看到此畫的人都同意這是描繪平靜的最佳圖畫。

另一幅畫也有山，但都是崎嶇和光禿的山，上面是憤怒的天空，下著大雨，雷電交加。山邊翻騰著一道湧起泡沫的瀑布，看來一點都不平靜。但當國王靠近一看時，他看見瀑布後面有一細小的樹叢，其中有一雌鳥築成的巢。在那裡，在怒奔的水流間，雌鳥坐在牠的巢裡——完全的平靜。

哪幅畫贏得獎賞？國王選擇了後者。

「因為，」國王解釋道：「平靜並不等於一個完全沒有困難和辛勞的地方，而是在那一切的紛亂中，心中仍然平靜，這才是平靜的真正意義。」

Life Wisdom

平靜並不等於一個完全沒有困難和辛勞的地方，而是在那一切的紛亂中，心中仍然平靜，這才是平靜的真正意義。

危機就是轉機

有位商人欠了一個放高利貸的債主一筆巨款。那個又老又醜的債主，看上了商人青春美麗的女兒，便要求商人用女兒來抵債。商人和女兒聽到這個提議都十分恐慌。

狡猾偽善的高利貸債主故作仁慈，建議這件事聽從上天安排。他說，他將在空錢袋裡放入一顆黑石子和一顆白石子，然後讓商人女兒伸手摸出其一，如果她揀中的是黑石子，她就要成為他的妻子；如果她揀中的是白石子，她不但可以回到父親身邊，債務也一筆勾銷；但是，如果她拒絕探手一試，她父親就要入獄。

雖然不情願，商人的女兒還是答應試一試。當時，他們正在花園中鋪滿石子的小徑上。協定之後，高利貸債主隨即彎腰拾起兩顆小石子放入袋中，敏銳的少女察覺：兩顆小石子竟然全是黑的！

少女不發一語，冷靜的伸手探入袋中，漫不經心似的摸出一顆石子。突然，手一鬆，石子便順勢滾落到路上的石子堆裡，分辨不出是哪一顆了。

「噢！看我笨手笨腳的，」女孩說道：「不過，沒關係，現在只需看看袋子裡剩下的這顆石子是什麼顏色，就可以知道我剛才選的那一顆是黑是白了。」

當然，袋子裡剩下的石子一定是黑的。惡債主既然不能承認自己的詭詐，也就只好承認她選中的是白石子。

Life Wisdom

陽光總在風雨後。當我們陷入困境時，若能心平氣和的隨機應變，就能變危機為轉機，將煩惱和不快輕鬆化解。

踩著木椿子過去

有個博士被分到一家研究所，成為學歷最高的一個人。有一天，他到研究所後面的小池塘去釣魚，正好正副所長在他的一左一右，也在釣魚。他只是微微點了點頭，心想：這兩個本科生，有什麼好聊的呢？

不一會兒，正所長放下釣竿，伸伸懶腰，蹭蹭蹭從水面上如飛地走到對面上廁所，博士眼睛睜得都快掉下來了。水上飄？不會吧？這可是一個池塘啊！

正所長上完廁所後，同樣也是蹭蹭蹭地從水上飄了回來。怎麼回事？博士又不好去問，自己是博士生哪！過了一陣子，副所長也站起來，走幾步，蹭蹭蹭地飄過水面上廁所。這下子博士更是差點昏倒：不會吧，難道我到了一個江湖高手集中的地方？

博士著急了。這個池塘兩邊有圍牆，要到對面廁所非得繞十分鐘的路，而回研究所上又太遠，怎麼辦？博士也不願意問兩位所長，憋了半天後，也起身往水裡跨，心想：我就不信本科生能過的水面，我博士生不能過。

只聽「咚」的一聲，博士栽到了水裡。兩位所長將他拉了出來，問他為什麼要下水，他問：「為什麼你們可以走過去呢？」

兩所長相視一笑：「這池塘裡有兩排木樁子，由於這兩天下雨漲水正好在水面下。我們都知道這木樁的位置，所以可以踩著樁子過去。你怎麼不問一聲呢？」

Life Wisdom

學歷代表過去，只有學習力才能代表將來。尊重經驗的人，才能少走彎路。一個好的團隊，也應該是學習型的團隊。

帶一些空杯上路

有位年輕人跟一位著名的禪師學禪。禪師開導很長時間，年輕人還是找不到入門的路徑。於是，禪師端起茶壺，朝年輕人面前的碗裡倒，茶碗已經斟滿，禪師還在不停地倒。年輕人終於忍不住，提醒禪師說：「師父，別倒了！茶杯已經裝不下了。」

禪師這才停住手，慢悠悠地說：「是啊，裝不下了。你也是這樣，想要學到更多禪的奧妙，就必須先把你心中的杯子倒空。只有騰出空來，才能迎接八面來風。」

Life Wisdom

人生路上，時時刻刻要記得帶一些空杯上路。杯子倒得愈空，你學習的東西就會愈多；學的東西愈多，你維持生命力的時間才會愈長久。

溫暖別人

這樣做並不難

一位紐約商人看到一個衣衫襤褸的鉛筆推銷員，頓生一股憐憫之情。他把一塊錢丟進賣鉛筆人的懷中就走開了，但他又忽然覺得這樣做不妥，於是連忙返回，從賣鉛筆人那裡取出幾支鉛筆，並抱歉地解釋說自己忘記取筆了，希望不要介意。最後他說：「你跟我都是商人。你有東西要賣，而且上面有標價。」

幾年過後，在一個社交場合，一位穿著整齊的推銷商迎上這位紐約商人，並自我介紹：「你可能已經忘記我了，我也不知道你的名字，但我永遠忘不了你，你就是那個重新給了我自尊的人。我一直覺得自己是個推銷鉛筆的乞丐，直到你跑來並告訴我，我是一個商人為止。」

Life Wisdom

給予陷入困境的人無私的幫助的確很重要，但更重要的是，我們還應讓他意識到自己的價值：只有充分相信自己，才有決心去擺脫困難，證明自己絕對不是一個弱者。

懷念這雙手

一份報紙在感恩節的社論版上有一則故事，說到一位教師要求她所教的一班小學生畫下最讓他們感激的東西。她心想能使這些窮人家小孩心生感激的事物一定不多，她猜他們多半是畫桌上的烤火雞和其他食物。當看見杜格拉斯的圖畫時，她十分驚訝，那是以童稚的筆法畫成的一隻手。

誰的手？全班都被這抽象的內容吸引住了。

「這是上帝賜給我們食物的手。」一個孩子說。

「一位農夫的手。」另一個孩子說。

等到全班都安靜下來，繼續做各人的事時，老師才過去問杜格拉斯，那到底是誰的手。

「老師，那是妳的手。」孩子低聲說。

這位教師記得自己經常在休息時間，牽著孤寂無伴的杜格拉斯散步。她也經常如此對待其他孩子，但對杜格拉斯來說，這也許特別有意義。

Life Wisdom

這正是每個人都應當感恩的事。不是為了物質方面的領受，而是為了有機會給予別人一些東西，儘管它們是那樣的微不足道。

你錯怪了別人的好意

某日，張三在山間小路開車，正當他悠哉地欣賞美麗風景時，突然迎面開來一輛貨車，而且滿口黑牙的司機還搖下窗戶對他大罵一聲：「豬！」

張三愈想愈納悶，也愈想愈氣，於是他也搖下車窗回頭大罵：「你才是豬！」

剛剛罵完，張三便迎頭撞上一群橫過馬路的豬。

Life Wisdom

錯誤的詮釋別人的好意，只會讓自己吃虧，並且使別人受辱。在不明所以之前，先學會按捺情緒，耐心觀察，以免事後後悔。

看著鏡子中的自己

這是一個真實故事，故事發生在非洲一個國家。那個國家的白人政府實施「種族隔離」政策，不允許黑皮膚人進入白人專用的公共場所。白人也不喜歡與黑人來往，認為他們是低賤的種族，避之唯恐不及。

有一天，有個長髮的洋妞在沙灘上做日光浴，因為過度疲勞，她睡著了。當她醒來時，太陽已經下山。由於她覺得肚子餓，便走進了沙灘附近的一家餐館。

她推門而入，選了張靠窗的椅子坐下。她坐了約十五分鐘，卻沒有侍者前來招待她。她看著那些侍者都忙著招待比她來得還遲的顧客，對她則不屑一顧。她頓時滿腔怒氣，想走向前去責問那些侍者。

當她站起身來，正想向前時，眼前有一面大鏡子。她看著鏡中的自己，眼淚不禁奪眶而出。原來，她已被太陽曬黑了。此時，她才真正體會到黑人被白人歧視的滋味！

Life Wisdom

無論做任何事，我們都要設身處地為他人著想。己所不欲，勿施於人。不要只為一點個人的小利益、小圈子而有所私心或怨恨，若你也遭受這種待遇，滋味會是如何呢？

製造慈眉善目的面具

從前，有一個青年以製造面具謀生。有一天，他的一位遠方朋友來訪，見面就問他：「你近來臉色不太好，到底是什麼事使你生氣呢？」

「沒有呀！」

「真的嗎？」他的朋友好像不大相信，也就回去了。

過了半年，那位朋友再度來訪，見面就說：「你今天的臉色特別好，和從前完全不同，有什麼事使你這麼高興啊？」

「沒有呀！」他還是這麼回答。

「不可能的，一定有原因。」他的朋友道。

在他們交談後，這個青年才想起，原來半年前，他正忙著做魔鬼強盜等凶殘的面具，做的時候，心情總是在想咬牙切齒、怒目相視的面相，因此自然也表露在臉上，看起來很可怕。而最近，他正在做慈眉善目的面具，心裡所想的都是可愛的笑容，臉上自然也隨著柔和許多。

Life Wisdom

一個人心裡想什麼，有什麼意圖，很自然地就會呈現在臉上，這絕對無法掩飾。因此，當我們與別人交往時，只要以誠意和愛去交流，對方也會感受到這種情感，進而更加接近我們。

佛無處不在

有個年輕人離別了母親，來到深山，想要拜菩薩以修得正果。在路上，他向一個老和尚問路：「請問大師，哪裡有得道的菩薩？」

老和尚打量了一下年輕人，緩緩地說：「與其去找菩薩，還不如去找佛。」

年輕人頓時來了興趣，忙問：「請問哪裡有佛？」

老和尚說：「你現在就回家去，在路上有個人會披著衣服，反穿著鞋子來接你，那個人就是佛。」

年輕人拜謝了老和尚，開始啟程回家。路上他不停地留意著老和尚說的那個人，可是他已經快到家了，那個人也沒出現。年輕人又氣又悔，以為是老和尚欺騙了他。

等他回到家時，夜已經很深了，他灰心喪氣地伸手敲門。他的母親知道自己的兒子回來了，急忙抓起衣服披在身上，連燈也來不及點著就去開門，慌亂中連鞋子都穿反了。年輕人看到母親狼狽的樣子，不禁熱淚盈眶，心裡也立刻覺悟了。

Life Wisdom

珍惜你所擁有的，懷著一顆感恩的心生活，你便成了佛。珍惜你的家，帶著一顆惜福的心上路，你才會愈走愈扎實。因為，你的根扎在了大地上，扎進了泥土裡。

愛人之心

這是發生在英國的一個真實故事。

有位孤獨的老人，無兒無女，又體弱多病，他決定搬到養老院去。老人宣佈出售他漂亮的住宅，購買者蜂擁而至。住宅底價八萬英鎊，但人們很快就將它炒到了十萬英鎊，價錢還在不斷攀升。老人深陷在沙發裡，滿目憂鬱，是的，要不是健康情形不行，他是不會賣掉這棟陪他度過大半生的住宅的。

一個衣著樸素的青年來到老人眼前，彎下腰，低聲說：「先生，我也好想買這棟住宅，可我只有一萬英鎊。但是，如果您把住宅賣給我，我保證會讓您依舊生活在這裡，和我一起喝茶、讀報、散步，天天都快快樂樂的。相信我，我會用整顆心來照顧您！」

老人頷首微笑，把住宅以一萬英鎊的價錢賣給了他。

Life Wisdom

完成夢想，不一定非得要冷酷地廝殺和欺詐。有時，你只要擁有一顆愛人之心，你就擁有了一切。

幫助別人獲得成功

兩個釣魚高手一起到魚池垂釣。兩人各憑本事，一展身手，不久，他們皆大有收穫。

忽然間，魚池附近來了十多名遊客。看到這兩位高手輕輕鬆鬆就把魚釣上來，不免感到幾分羨慕，於是都到附近買了釣竿來試試自己的運氣。沒想到，這些不擅此道的遊客，怎麼釣也毫無成果。

話說那兩位釣魚高手，兩人個性根本不同。其中一人孤僻而不愛搭理別人，單享獨釣之樂；而另一人卻是個熱心、豪放、愛交朋友的人。

愛交朋友的這位高手，看到遊客釣不到魚，就說：「這樣吧！我來教你們釣魚，如果你們學會了我傳授的訣竅，釣到一大堆魚的話，每十尾就分給我一尾。不滿十尾就不必給我。」一雙方一拍即合，欣然同意。

教完這一群人，他又到另一群人中，同樣也傳授釣魚術，依然要求每釣十尾回饋給他一尾。

一天下來，這位熱心助人的釣魚高手，把所有時間都用於指導垂釣者，獲得的竟是滿滿一大籮筐的魚，還認識了一大群新朋友，同時，左一聲「老師」，右一聲「老師」，備受尊崇。同來的另一位釣魚高手，卻沒享受到這種服務人們的樂趣。當大家圍繞著其同伴學釣魚時，那人更顯得孤單落寞。悶釣一整天，檢視竹簍裡的魚，收穫卻遠沒有同伴的多。

Life Wisdom

當你幫助別人獲得成功——釣到大魚之後，自然在助人為樂之餘，也會得到相應的回饋。

害人終害己

從前有個婆羅門，娶了個媳婦年輕漂亮，但是心存淫蕩。因為有婆婆在家，不得恣意妄為，於是她設計了一條奸計要害婆婆。

她表面上對婆婆很好，這使得丈夫對她深信不疑，心存感激。然後，媳婦花言巧語地對丈夫說：「像我這樣供養婆婆，婆婆只是享了人間的福，算得了什麼。如果讓婆婆得到天堂的供養，那才是我的心願呢！有沒有什麼妙法，可以讓人升天？」

她的丈夫回答說：「婆羅門教有一種方法，跳入火坑，就可以升天。」

那女人說：「如果有這種方法，可以使婆婆升天，享受天堂的供養，豈不更好？」

丈夫相信了妻子的話，在野外挖了一個大坑，積滿了柴草，準備完畢，召集親友，開了一個升天的盛會。親友們盡歡一日，紛紛散去，夫妻倆便將老母扶到坑邊，推入火坑，轉身走了。

他們沒料到，火坑中還有一個小台階，老人掉在台階上，竟然沒有被火燒死。

老人從火坑中爬出來，沿著原路往家走，但是天已經很黑了，她怕遇上危險，就攀上一棵矮樹。正巧碰上一夥強盜偷了許多財寶，來到樹下休息。老人嚇得不敢動彈，但忍不住咳了一聲。強盜聽到咳聲，以為是什麼鬼怪，嚇得捨棄財寶，各自逃散。到了早晨，老人從樹上下來，選取各種財寶，滿載而歸。

夫妻倆一見老人，以為是鬼魂，不敢近前。老人就對他們說：「我死後升天，獲得許多財寶。」又對兒媳說：「這些寶珠、金玉、首飾等等，都是妳的父母、姑姑、姨娘、姊妹們送給妳的。由於我太老了，身體太弱，不能多拿，妳在天上的親屬說了，讓妳去一趟，隨便妳挑。」

這個兒媳信以為真，便也學著婆婆的樣子，投身火坑，還對丈夫說：「婆婆因投火坑得到這麼多的財寶，如果我去，一定可以拿到更多的財寶。」但是，她沒有老人那麼幸運，投入火坑，一下就被燒死了。

Life Wisdom

老人因禍得福，將計就計，可以算是一種自衛反擊。兒媳卻以害人為始，害己為終。人生在世，不可生害人之心。害人終害己，機關算盡的結果只能是：誤了卿卿性命。

為生命祈禱

清晨，約翰正像往常那樣散步，一輛大垃圾車停在了約翰身邊。約翰以為那司機要問路，他卻向約翰出示了一張照片，那是一個非常可愛的五歲男孩。

「這是我的孫子傑樂米，」他說：「他躺在費尼克斯醫院裡，靠人工心臟生活。」

約翰心想：他是想讓我捐款。就伸手去摸錢包。可他不要錢。

他說：「我向每一個遇到的人請求他們為傑樂米禱告。請你也為他禱告一次，好嗎？」

約翰做了。那天，約翰覺得自己的問題好像沒那麼重要了。

Life Wisdom

緊抱著自己的心，為生命祈禱——偉大的心像海洋一樣，博大、深遠，永遠也不會封凍，那是因為——愛。

在人心靈中灑一片陽光

一九三〇年代，每天早晨一位猶太傳教士總是按時到一條鄉間土路上散步。無論見到任何人，總是熱情地打一聲招呼：「早安！」

其中，有個叫米勒的年輕農夫，對傳教士這聲問候起初反應冷漠——在當時，當地的居民對傳教士和猶太人的態度是很不友好的。然而，年輕人的冷漠，未曾改變傳教士的熱情，每天早上，他仍然給這個一臉冷漠的年輕人道一聲早安。終於有一天，這個年輕人脫下帽子，也向傳教士道一聲：「早安。」

好幾年過去了，納粹黨上台執政。這一天，傳教士與村中所有的人，被納粹黨集中起來，送往集中營。在下火車、列隊前行的時候，有一個手拿指揮棒的指揮官在前面揮動著棒子，叫道：「左，右。」被指向左邊的是死路一條，被指向右邊的則還有生還的機會。

傳教士的名字被這位指揮官點到了，他渾身顫抖，走上前去。當他無望地抬起頭來，眼睛一下子和指揮官的眼睛相遇了。

傳教士習慣的脫口而出：「早安，米勒先生。」

米勒先生雖然沒有過多地表情變化，但仍禁不住回了一句問候：「早安！」聲音低得只有他們兩人才能聽到。最後的結果是：傳教士被指向了右邊，意思是生還者。

Life Wisdom

往往一個熱情的問候和溫馨的微笑，就足以在人的心靈中灑下一片陽光。不要低估了一句話、一個微笑的作用，它會成為開啟你幸福之門的一把鑰匙，成為你走上柳暗花明之境的一盞明燈。

有一種財富叫智慧

作　　者　韓冰

發 行 人　林敬彬
主　　編　楊安瑜
編　　輯　李彥蓉
美術編排　帛格有限公司
封面設計　101廣告有限公司

出　　版　大都會文化事業有限公司　行政院新聞局北市業字第89號
發　　行　大都會文化事業有限公司
110台北市信義區基隆路一段432號4樓之9
讀者服務專線：(02)27235216
讀者服務傳真：(02)27235220
電子郵件信箱：metro@ms21.hinet.net
網　　　址：www.metrobook.com.tw

郵政劃撥　14050529 大都會文化事業有限公司
出版日期　2010年4月初版一刷
定　　價　199元
ISBN　978-986-6846-87-8
書　　號　Growth-033

4F-9, Double Hero Bldg., 432, Keelung Rd., Sec. 1,
Taipei 110, Taiwan
Tel:+886-2-2723-5216　Fax:+886-2-2723-5220
Web-site:www.metrobook.com.tw
E-mail:metro@ms21.hinet.net

國家圖書館出版品預行編目資料

有一種財富叫智慧 / 韓冰著. -- 初版. -- 臺北市：
大都會文化, 2010. 04
面； 公分. -- (Growth ; 033)

ISBN 978-986-6846-87-8 (平裝)

1. 人生哲學　2. 通俗作品

191.9　99003015

大都會文化　讀者服務卡

書名：**有一種財富叫智慧**

謝謝您選擇了這本書！期待您的支持與建議，讓我們能有更多聯繫與互動的機會。

A. 您在何時購得本書：______年______月______日

B. 您在何處購得本書：____________書店，位於____________(市、縣)

C. 您從哪裡得知本書的消息：

1.□書店　2.□報章雜誌　3.□電台活動　4.□網路資訊

5.□書籤宣傳品等　6.□親友介紹　7.□書評　8.□其他

D. 您購買本書的動機：（可複選）

1.□對主題或內容感興趣　2.□工作需要　3.□生活需要

4.□自我進修　5.□內容為流行熱門話題　6.□其他

E. 您最喜歡本書的：（可複選）

1.□內容題材　2.□字體大小　3.□翻譯文筆　4.□封面　5.□編排方式　6.□其他

F. 您認為本書的封面：1.□非常出色　2.□普通　3.□毫不起眼　4.□其他

G. 您認為本書的編排：1.□非常出色　2.□普通　3.□毫不起眼　4.□其他

H. 您通常以哪些方式購書：(可複選)

1.□逛書店　2.□書展　3.□劃撥郵購　4.□團體訂購　5.□網路購書　6.□其他

I. 您希望我們出版哪類書籍：（可複選）

1.□旅遊　2.□流行文化　3.□生活休閒　4.□美容保養　5.□散文小品

6.□科學新知　7.□藝術音樂　8.□致富理財　9.□工商企管　10.□科幻推理

11.□史哲類　12.□勵志傳記　13.□電影小說　14.□語言學習（____語）

15.□幽默諧趣　16.□其他

J. 您對本書(系)的建議：

____

K. 您對本出版社的建議：

____

讀者小檔案

姓名：______________ 性別：□男　□女　生日：____年____月____日

年齡：□20歲以下 □21～30歲 □31～40歲 □41～50歲 □51歲以上

職業：1.□學生 2.□軍公教 3.□大眾傳播 4.□服務業 5.□金融業 6.□製造業

7.□資訊業 8.□自由業 9.□家管 10.□退休 11.□其他

學歷：□國小或以下 □國中 □高中／高職 □大學／大專 □研究所以上

通訊地址：_______________________________________

電話：（H）______________（O）______________ 傳真：______________

行動電話：______________ E-Mail：______________________

◎謝謝您購買本書，也歡迎您加入我們的會員，請上大都會文化網站 www.metrobook.com.tw 登錄您的資料。您將不定期收到最新圖書優惠資訊和電子報。

有一種財富叫智慧

北區郵政管理局
登記證北台字第9125號
免貼郵票

大都會文化事業有限公司
讀者服務部　收
110台北市基隆路一段432號4樓之9

寄回這張服務卡〔免貼郵票〕
您可以：
◎不定期收到最新出版訊息
◎參加各項回饋優惠活動

大都會文化
METROPOLITAN CULTURE

大都會文化
METROPOLITAN CULTURE